10,80

Mike Chance

ERLÖST DURCH SEIN BLUT

W0375300

Mike Chance

ERLÖST DURCH SEIN BLUT

Verlag C.M. Fliß
Lütt Kollau 17, 2000 Hamburg 61

2. Auflage 1991

© 1986 by Michael Chance, Wolfenbüttel,
erschienen im Verlag C.M. Fliß, 2000 Hamburg 61

ISBN 3-922349-37-4

Wir informieren Sie gerne über unser Gesamtprogramm:
C.M. Fliß, Postfach 61 04 70, D-2000 Hamburg 61

Widmung

„Dem, der uns liebt und uns von unseren Sünden gewaschen hat in seinem Blut und uns gemacht hat zu einem Königtum, zu Priestern seinem Gott und Vater: Ihm sei die Herrlichkeit und die Macht in alle Ewigkeit! Amen“
(Off. 1,5.6).

Inhaltsverzeichnis

Vorwort

Wenn ich es nicht mit eigenen Augen gelesen hätte, könnte ich es kaum glauben. Eine ältere Dame war seit Monaten nicht in der Lage, ihre Rechnungen zu bezahlen und mußte deshalb aus ihrer schäbigen Wohnung in einem Asozialenviertel Chicagos ausziehen. Nachdem sie fort war und man ihre verwohnten Möbel zur Müllhalde brachte, fand ein Möbelpacker unter einer Matratze die Summe von umgerechnet 300.000.-- DM – unter einer Matratze!

Als ich das in der Braunschweiger Zeitung las, dachte ich an die vielen Christen, die geistlich reich sind und dennoch in Armut leben. Weshalb? Weil sie weder den Reichtum in Christus kennen noch wissen, wie sie ihn für sich in Anspruch nehmen können.

Es gibt zwei grundlegende Voraussetzungen für wahres geistliches Wachstum: erstens, die Wahrheit zu wissen und zu verstehen; zweitens, sich in seinem moralischen Handeln von Herzen der Wahrheit unterzuordnen. Paulus betont in seinen Briefen besonders die großen Zusagen des Glaubens. Erst nachdem er diese geistlichen Tatsachen dargelegt hat, spricht er über Glauben und Hingabe.

Mein Leben ist durch das Studium des Römerbriefes sehr bereichert worden, weil Paulus darin vor meinen Augen Reichtümer ausbreitete oder aufdeckte, die meinem geistlichen Auge vorher verborgen geblieben waren.

In den letzten sieben Jahren habe ich diese Wahrheiten in der Bibelschule „Glaubenszentrum“ gelehrt. Seit einiger Zeit ist in meinem Herzen jedoch das Verlangen gewachsen, sie in einem größeren Rahmen mitteilen zu können. Ein Verständnis des teuren Blutes Jesu kann unser Leben so verändern, daß wir von geistlich schwachen Feiglingen zu Menschen werden, die „sich stark erweisen und entsprechend handeln“ (Dan. 11,32). Mit dem tiefen Wunsch, daß Ihr Leben in jeder Hinsicht bereichert werden möge, gebe ich dieses Studium über das kostbare Blut Jesu heraus.

Einführung – Das kostbare Blut Jesu

Im Alten Testament richtete Gott unter dem mosaischen Gesetz ein Opfersystem ein, das uns die Bedeutung des Blutes verständlich machen sollte. Er nahm sich viel Zeit, um Sein auserwähltes Volk darauf vorzubereiten, das Leiden Jesu mit seinen Auswirkungen für unsere Erlösung verstehen zu können. Obwohl es stimmt, daß viele nicht gern über das Blut sprechen, bleibt doch die Tatsache bestehen, daß es in den Augen Gottes ein sehr wichtiges Thema ist.

In der Stiftshütte, die Mose nach der Anordnung Gottes baute, gab es drei Teile: den Vorhof, das Heiligtum und das Allerheiligste. Das, was im Vorhof geschah, war keineswegs angenehm. Dort wurden unschuldige Tiere geschlachtet und unschuldiges Blut vergossen. Nach Gottes Willen sollte das kein schöner Anblick sein, denn Er wollte die Häßlichkeit der Sünde und den hohen Preis, der zu ihrer Sühnung bezahlt werden mußte, sichtbar machen. Sünde hat einen hohen Preis. Das hielt der erschreckende Anblick des Vorhofs den Menschen ständig vor Augen. Am Brandopferaltar gab es nichts Anziehendes, und es sollte auch gar nicht anders sein.

Das Heiligtum dagegen war wunderschön anzusehen. Wie majestätisch muß es gewesen sein! Die Wände waren mit Gold überzogen und alle Geräte aus reinem Gold gearbeitet. Darin spiegelte sich das Licht des Leuchters in herrlicher Intensität. Im Allerheiligsten erhellte dann das übernatürliche Licht Gottes nicht nur die Wände, sondern auch die Cherubim und den Gnadenstuhl.

Doch die Herrlichkeit im Heiligtum wie im Allerheiligsten war mit Blut befleckt. Das wunderbare Gold galt Gott als Symbol Seiner Herrlichkeit, und dennoch wollte Er, daß alles mit Blut besprengt würde, weil das Blut in Seinen

Augen das Kostbarste ist, was es gibt. „Denn die Seele des Fleisches ist im Blut, ..." (3. Mo. 17,11).

Wenn wir das Neue Testament betrachten, begegnet uns das gleiche. Vom fünften bis zum zweiundzwanzigsten Kapitel der Offenbarung ist das Lamm die zentrale Figur. Das fünfte Kapitel zeigt den Thron Gottes und ein Buch in der Mitte des Thrones, das von den Absichten des Herrn für die Menschheit spricht. Niemand ist würdig, das Buch zu nehmen und Gottes Ziele mit den Menschen wiederherzustellen. Der Ruf erschallt im Himmel, aber keiner wird für würdig befunden. Auch auf der Erde beantwortet niemand den Ruf. Selbst in der Hölle kann man die Stimme hören: „Wer ist würdig...?" – und auch von dort kommt keine Antwort. Der Apostel Johannes beginnt zu weinen, bis ihn einer der Ältesten unterbricht und mit lauter Stimme verkündigt: „Weine nicht! Siehe, es hat überwunden der Löwe aus dem Stamm Juda, die Wurzel Davids..." Dann wendet sich Johannes um, den Löwen zu sehen – und sieht ein Lamm! Die Bedeutung ist offensichtlich: Die Löwenkraft Gottes steht uns im Lamm zur Verfügung.

Im gleichen Kapitel finden wir Anbeter, die niederfallen und sagen: „Würdig ist das Lamm, das geschlachtet worden ist..." (Off. 5,12). Das griechische Wort für „geschlachtet" bedeutet, daß es gerade geschlachtet worden ist. Die Wunden sind frisch. Als Jesus von den Toten auferstand, erschien Er Seinen Jüngern in Seinem neuen Leib. Gott weckte Seinen Leib aus den Toten auf, heilte aber nicht – und das ist sehr interessant – die Wunden in der Seite, an den Füßen und an den Händen. Bis in alle Ewigkeit wird der Herr Jesus Christus die besonderen Zeichen Seines Leidens tragen. Gott wird Seine Narben niemals heilen. Die Engel, die in Seiner Gegenwart sind, sehen Ihn als das Lamm, das gerade geschlachtet worden ist. Seit Golgatha ist Jesus das Lamm. In der Tat wird von Ihm als dem Lamm, „das geschlachtet ist, von Grundlegung der Welt an", gesprochen

(Off. 13,8; Schl.), und dies wird Sein Name in alle Ewigkeit sein. Im allerletzten Kapitel der Offenbarung, das von dem neuen Himmel und der neuen Erde handelt, ist unsere Aufmerksamkeit immer noch auf das Lamm Gottes gerichtet. Der Himmel ist ein wunderschöner Ort mit unbeschreiblicher Herrlichkeit und Majestät, aber der kostbarste Schatz in den Augen des Vaters ist das Blut Seines lieben Sohnes.

Kapitel 1: Erlösung

Im Römerbrief, Kapitel drei, lesen wir die Worte: „... denn alle haben gesündigt und erlangen nicht die Herrlichkeit Gottes und werden umsonst gerechtfertigt durch seine Gnade, durch die Erlösung, die in Christus Jesus ist" (Röm. 3,23.24).

In diesem Kapitel wollen wir uns mit dem Thema der Erlösung beschäftigen. In seinem Bemühen, das Werk Christi zu erklären, bezog sich Paulus auf die griechische Kultur und verwendete Begriffe, die seinen Empfängern vertraut waren. In seinen Ausführungen gebrauchte der Apostel, dem die größte Offenbarung über Erlösung zuteil geworden ist, ein zusammengesetztes griechisches Wort: „apolutrosis". Obwohl es sich für manchen wie eine unheilbare Krankheit anhören mag, war dieser Ausdruck doch ein farbiges Wort zur Beschreibung dessen, was Jesus getan hat.

In der griechischen Sprache gibt es eigentlich drei Wörter, die für unsere Erlösung im Sinn von „erkaufen" gebraucht werden: „agorazo", „exagorazo" und „lutroo". Das Wort „agorazo" enthält das Wort „agora", was „Markt" bedeutet, besonders aber „Sklavenmarkt". Wenn wir das griechische Präfix „ex" davorsetzen, erhalten wir das nächste Wort „exagorazo"; das heißt „aus dem Sklavenmarkt loskaufen". Das dritte griechische Wort ist „lutroo". Es bedeutet „durch das Bezahlen eines Preises befreien".

Wie wir jedoch bereits bemerkt haben, verwendet Paulus für Erlösung ein Wort, das aus „lutron" (Hauptwort von „lutroo") = „Lösegeld" und „apoluo" = „befreien" (in Mk. 15,6 und an anderen Stellen für das Freigeben eines Gefangenen gebraucht) zusammengesetzt ist. Wenn man beide Wörter zusammennimmt, versteht man die Bedeutung: „Befreiung durch das Zahlen eines Lösegeldes".

Der Gedanke, den der Apostel zum Ausdruck bringt, ist, daß Gefangene freigelassen werden, weil jemand einen Preis bezahlt hat.

Im Licht dieser Aussagen wollen wir drei Fragen stellen:
1) Wer sind die Gefangenen oder Sklaven?
2) Wer hat den Preis bezahlt, und was war der Preis?
3) Wem wurde der Preis bezahlt?

Die erste Antwort ist sicherlich leicht – wir waren die Sklaven; wir waren die Gefangenen. 1. Kor. 6,20 stellt fest: „Denn ihr seid um einen Preis erkauft worden…"

Die zweite Antwort ist auch eindeutig, denn immer wieder wird uns gesagt: „In ihm haben wir die Erlösung durch sein Blut…" (Eph. 1,7; siehe auch 1. Ptr. 1,18.19; Mt. 20,28). Das Lösegeld, das bezahlt wurde, ist das kostbare Blut Jesu Christi.

Die dritte Frage enthält möglicherweise eine gewisse Schwierigkeit. Wem wurde das Lösegeld bezahlt? Manche werden antworten: dem Teufel. Dazu habe ich mehrmals eine Geschichte gehört, die illustrieren soll, wie Jesus uns vom Feind erlöst hat. Eines Tages ging ein netter junger Mann spazieren, und traf unterwegs einen kleinen Jungen, der mit einem verwundeten Vogel spielte. Er hatte ihn auf dem Boden gefunden, und nachdem er bemerkt hatte, daß das Tier lahm war, rupfte er ihm mit großem Vergnügen eine Feder nach der anderen aus. Voller Mitleid fragte ihn der Mann: „Für wieviel Geld würdest du mir den Vogel verkaufen?" Der Junge wunderte sich, daß der Fremde diese elende Kreatur kaufen wollte, und nannte einen unmöglich hohen Preis. Zu seinem Erstaunen bezahlte ihn der Mann tatsächlich.

Obwohl es wahr ist, daß wir verwundet waren und Satan unsere elende Situation ausgenutzt hat, habe ich Schwierigkeiten, mir vorzustellen oder anzunehmen, daß Jesus den Preis für unsere Erlösung dem Teufel gegeben haben soll. Vielleicht findet das jemand übergenau, doch um die Erlösung zu verstehen, ist es notwendig, zu wissen, wem der Preis bezahlt wurde. Abgesehen von der Tatsache, daß die Bibel kein einziges Mal erwähnt, daß das Lösegeld für unsere Befreiung dem Teufel gegeben worden sei, ist es völlig unlogisch, anzunehmen, daß Jesus Sein so unsagbar kostbares eigenes Blut Satan dargebracht haben könnte. Der Herr selbst hat uns gelehrt, Perlen nicht vor die Säue zu werfen; doch wenn Er Sein sühnendes Blut Satan gegeben hätte, wäre das geradezu ein Paradebeispiel dafür, was Er uns gelehrt hat, nicht zu tun. Die oben beschriebene Vorstellung ist nicht nur unlogisch, sondern auch theologisch unhaltbar. Der Schreiber des Hebräerbriefes bringt deutlich zum Ausdruck, wem der Sohn Gottes Sein kostbares Blut dargebracht hat: „Christus aber ist gekommen als Hoherpriester der zukünftigen Güter und ist durch das größere und vollkommenere Zelt – das nicht mit Händen gemacht, das heißt nicht von dieser Schöpfung ist – und nicht mit Blut von Böcken und Kälbern, sondern mit seinem eigenen Blut ein für allemal in das Heiligtum hineingegangen und hat eine ewige Erlösung erfunden“ (Hebr. 9,11.12). So brachte Jesus Sein Blut nicht in die Hölle, sondern in den Himmel. Es wurde nicht dem Teufel, sondern Gott, dem Vater, gegeben.

Das wird natürlich auch am Beispiel der Stiftshütte deutlich. Dort wurde das Blut von Böcken und Kälbern nicht dem Teufel gegeben, sondern dem heiligen Gott. Ebenso galt bei der Befreiung Israels aus der Knechtschaft Ägyptens – ein generelles Bild für Befreiung aus den Banden Satans – das Lösegeld nicht dem Teufel. Gott war es, der sagte: „... wenn ich das Blut sehe, dann werde ich an euch vorübergehen...“ (2. Mo. 12,13). Wenn es auch zunächst für manchen schwer verständlich sein mag, wird es, glaube ich, doch noch ganz klar werden, wem der Preis für die Erlösung gegeben worden ist: nicht dem Teufel, sondern Gott.

Vielleicht ist es leichter, diesen wichtigen Sachverhalt zu verstehen, wenn wir uns die Gebundenheit, in der wir selbst uns befanden, näher anschauen. Off. 1,5 stellt fest, daß wir in der Gebundenheit unserer Sünden lebten, denn dort heißt es: „... der uns liebt und uns von unseren Sünden gewaschen hat in seinem Blut ..." (mehrere gute Handschriften sagen „erlöst"). Ebenso wurde von dem Erlöser gesagt: „... du sollst seinen Namen Jesus nennen; denn er wird sein Volk erretten von seinen Sünden." Der Apostel Paulus schreibt, daß wir „unter die Sünde verkauft" waren, doch Dank sei Gott! Jesus kam, um uns aus den Banden der Sünde zu befreien, indem Er Sein Blut als Lösegeld bezahlte (Mt. 1,21; beziehungsweise Röm. 7,14).

Im Brief an die Korinther macht Paulus eine interessante Aussage bezüglich der Macht der Sünde: „Der Stachel des Todes aber ist die Sünde, die Kraft der Sünde aber das Gesetz" (1. Kor. 15,56). Dies ist zum Verständnis der Macht und der Wirkung des Blutes Jesu äußerst wichtig. Wir sind verdammt, weil wir Gottes gute Gesetze gebrochen haben. Gott ist ein gerechter Gott. Er kann Seine Augen nicht vor meinen Sünden verschließen, gleichgültig, wie sehr Er mich auch liebt. Manchmal sagen Leute: „Gott ist Liebe, aber Er ist auch gerecht." Solches Denken stellt mich sofort vor das Problem – ist Gerechtigkeit das Gegenteil von Liebe und umgekehrt? Können wir etwa darauf bestehen, daß Gott gut, zugleich aber auch heilig ist? Güte und Heiligkeit sind nicht nur miteinander vereinbar, sondern sogar für ihre wechselseitige Existenz absolut notwendig. Gott ist Liebe. Wir können Gott nicht an unserem begrenzten Verständnis von Liebe messen. Wir müssen vielmehr umgekehrt Liebe definieren, indem wir Gott anschauen. Liebe ist gerecht, und Liebe ist barmherzig. Liebe ist beides. Gott kann, anders gesagt, nicht einen Aspekt von Liebe auf Kosten eines anderen betonen. Wahre Liebe kann nicht Gerechtigkeit vernachlässigen, um jemandem Freundlichkeit zu erweisen. Sie muß immer gerecht sein, sonst ist es keine Liebe.

Gottes Problem (menschlich ausgedrückt) bei der Vergebung war niemals persönlicher Art, sondern herrschaftsbezogen. Mit anderen Worten, es bestand nicht darin, daß Er nicht genug Barmherzigkeit besaß, um sich zum Vergeben durchzuringen. Lassen Sie uns festhalten, daß Gott grenzenlos reich und überströmend an Barmherzigkeit, Gnade und Freundlichkeit ist. Das Gesetz fordert jedoch Gerechtigkeit, und Gott würde niemals das Gesetz brechen. Paulus sagte: „...der Lohn der Sünde ist der Tod..." (Röm. 6,23). Deshalb wurden wir durch das gerechte Gesetz zum Tode verurteilt. Das verstehen wir unter der Aussage, daß „die Kraft der Sünde ... das Gesetz" ist. Wir waren Gefangene, die auf der Todesliste standen; unsere gerechte Strafe bestand in hoffnungsloser Verdammnis.

Der Hebräerbrief zeigt deutlich, daß der Teufel die Macht des Todes besaß (Hebr. 2,14). Doch wie hat er sie bekommen? Was ist seine Macht? Die Antwort ist einfach: Die Macht, die der Feind über uns ausübte, war das Gesetz. Durch das Gesetz, das wir gebrochen haben, gewann der Teufel die legale Basis zu unserer Verurteilung – einem Staatsanwalt vergleichbar, dessen Ziel es ist, für ein Verbrechen genügend Beweismaterial zu finden, um die Schuld des Täters nachzuweisen. Er bringt sein Beweismaterial vor den Richter, und der Richter ist seinerseits zur Gerechtigkeit verpflichtet. Der Teufel kennt die Gerechtigkeit Gottes sehr gut, dementsprechend klagt er uns an. Gott muß uns nun als gerechter Richter wegen unserer Unfähigkeit, das Gesetz Gottes zu halten, verurteilen. Er kann nicht gemäß der Barmherzigkeit, die in Seinem Herzen ist, richten, sondern Er muß der Wahrheit entsprechend richten. Sie können sich vielleicht vorstellen, wie der Feind mit der Liste von Übertretungen, die wir begangen haben, vor Gott steht. Unser Gott weiß alles und kann nicht so tun, als ob wir nicht schuldig wären. Es ist schließlich Sein vollkommenes Gesetz, das uns unter Strafe gebracht hat. Gottes Gesetz ist es, das uns verurteilt. Es ist so wichtig, dies zu verstehen. Der Feind erfindet nicht Anklagen gegen uns. Sie sind abgeleitet von der „uns entgegenstehenden Handschrift in Satzungen, die gegen uns war..." (Kol. 2,14). Die gerechten Forderungen des Gesetzes müssen erfüllt werden. Was tat Gott? Dank sei Gott! Wir kennen die Antwort. Gott warf die Satzungen nicht weg, weil sie, wie gesagt, die rechtmäßigen Erwartungen Seines Gesetzes sind. Das Wort Gottes erklärt: „... hat er sie aus der Mitte weggenommen, indem er sie ans Kreuz nagelte..." (Kol.2,14). Durch das Opfer Jesu am Kreuz wurde das Gesetz erfüllt. Das vergossene Blut des Lammes Gottes beweist, daß Gott gerecht ist, und es erlaubt Ihm gleichzeitig, denen zu vergeben, die in einfachem Glauben zum Ihm kommen. Wir waren verflucht durch die gerechten Forderungen des Gesetzes. Der Vater hat das Gesetz nicht verändert (das konnte Er nicht tun, weil das Gesetz ein Ausdruck Seiner selbst ist), sondern Er hat den gerechten Zorn, der uns auf Grund des Gesetzes hätte treffen müssen, am Kreuz selbst auf sich genommen. Paulus sagte zu den Galatern: „Christus hat uns losgekauft von dem Fluch des Gesetzes, indem er ein Fluch für uns geworden ist – ..." (Gal. 3,13).

Nun wird es noch deutlicher, wem das Blut als Lösegeld bezahlt wurde. Hier sehen wir Erlösung als ein „Rechtsgeschäft" innerhalb der Gottheit. Die Gerechtigkeit Gottes sagte: „Er ist schuldig." Aber das Erbarmen Gottes suchte nach einem Weg zur Vergebung. Das Gesetz Gottes hatte uns verflucht, doch der Sohn Gottes ist für uns zum Fluch geworden, um uns vom Fluch des Gesetzes zu erlösen. Wir können nun besser verstehen, warum Paulus sagte: „... und werden umsonst gerechtfertigt durch seine Gnade, durch die Erlösung, die in Christus Jesus ist" (Röm. 3,24). Diese Erlösung hat ein für allemal gezeigt, „daß er (Gott) gerecht sei und den rechtfertigt, der des Glaubens an Jesus ist" (Röm. 3,26). Kein Wunder, daß Paulus sich des Evangeliums von Christus nicht schämte, „ist es doch Gottes Kraft zum Heil jedem Glaubenden ... Denn Gottes Gerechtigkeit wird darin geoffenbart aus Glauben zu Glauben..." (Röm. 1,16.17). Gnade allein hätte uns niemals retten können; es war nötig, daß das Blut vergossen wurde, um die Gerechtigkeit Gottes zu erfüllen.

In Gal. 4,1-6 beschreibt der Apostel, wie wir bis zur Zeit Jesu Christi unter der Knechtschaft des Gesetzes standen. „... als aber die Fülle der Zeit kam, sandte Gott seinen Sohn, geboren von einer Frau, geboren unter Gesetz, damit er die loskaufte, die unter Gesetz waren, damit wir die Sohnschaft empfingen" (Gal. 4,4.5). Die gerechten Forderungen des Gesetzes hielten uns gefangen, doch Gott sandte uns Seinen Sohn, um uns zu erlösen und uns zu Seinen Söhnen zu machen. Er hat uns aus der Todeszelle erlöst, als wir zu ewigem Tod verurteilt waren, und hat uns den Geist des Lebens gegeben durch das Blut Jesu. Wegen des erlösenden Blutes Jesu hat der Teufel keinen rechtmäßigen Anspruch mehr auf uns; denn als Jesus den uns entgegenstehenden Schuldbrief mit ans Kreuz nahm, entwaffnete „er die Gewalten und Mächte völlig" und „stellte ... sie öffentlich bloß. In ihm hielt er über sie einen Triumph" (Kol. 2,15). Wie bereits gesagt, bestanden Satans Waffen aus den Anklagen, die rechtmäßig gegen uns gerichtet waren. Mit anderen Worten hatte er eine legale Basis, um uns zu verklagen; doch weil Jesus das Blut Seines unschuldigen Leben als Lösegeld gab, sind unsere Sünden vergeben, und wir sind von dem Rächer erlöst. Das ist nicht deshalb so, weil Er den Teufel bezahlt hat, sondern weil Er das Gesetz Gottes erfüllt hat, dem gegenüber wir rechenschaftspflichtig und durch das wir verurteilt waren. Gerade darauf kam es Paulus in seinem Brief an die Epheser gewiß an: „In ihm haben wir die Erlösung durch sein Blut, die Vergebung der Vergehungen..." (Eph. 1,7). Damit will er nicht sagen, daß Erlösung allein in der Vergebung der Sünden besteht. Ich verwende dieses Wort ganz entschieden nicht in einer einschränkenden Bedeutung; denn es ist beim Lesen des Neuen Testaments ganz offensichtlich, daß unsere Erlösung viel mehr umfaßt als die Vergebung der Sünden. Es scheint mir so, als ob Paulus sagen wollte, daß das Blut Jesu Vergebung ermöglicht und damit die Tür zur Erlösung geöffnet hat.

Preis sei Gott für Seine unausforschliche Weisheit, die den Plan der Erlösung und die aufopfernde Liebe ersann, die Seinen Sohn dazu bewegte, ans Kreuz zu gehen! Unser Widersacher, der Teufel, ist seiner Waffen der Verdammnis beraubt. Wir sind erlöst. Jesus hat „Frieden gemacht durch das Blut seines Kreuzes“, und „euch, die ihr einst entfremdet und Feinde wart nach der Gesinnung in den bösen Werken, hat er aber nun versöhnt in dem Leib seines Fleisches durch den Tod, um euch heilig und tadellos und unsträflich vor sich hinzustellen...“ (Kol. 1,20-22).

Kapitel 2: Das Blut ist vor Gott

Wenn wir etwas über die Kraft des Blutes Jesu wissen wollen, müssen wir zu diesem Thema das Wort Gottes studieren. Wir können das Blut Jesu weder fühlen noch sehen, denn es ist in der Gegenwart Gottes. Vielleicht werden wir durch die Gnade Gottes einmal gewürdigt, das Blut in einer Vision zu sehen. Der Vater kann die Augen unseres Geistes anrühren, damit wir es anschauen dürfen.

Doch wir hätten kein richtiges Verständnis von dem kostbaren Blut, wenn der Vater uns nicht mitteilen würde, was es Ihm bedeutet.

Eines müssen wir uns bewußt machen: Jesu Blut ist nicht für unsere Augen bestimmt, sondern damit die Gottheit es sieht. Wir können seine Bedeutung und Kostbarkeit nur verstehen, wenn wir wissen, was der Vater darüber weiß. Die Offenbarung über das Blut des Lammes kann man nur im Wort Gottes, in der Heiligen Schrift, finden. Deshalb müssen wir untersuchen, was das Wort darüber sagt.

Um genauere Kenntnis über das Blut zu erlangen, müssen wir ins Alte Testament zurückgehen. Schon dort wird dieses Thema immer wieder in den Blickpunkt gerückt. In der Tat wurde Blut zum ersten Mal direkt nach dem Sündenfall vergossen. In 1. Mo. 3 lesen wir, wie Gott einem unschuldigen Tier das Leben nahm, um Kleider für die ersten Eltern der Menschheitsgeschichte zu machen. Adam und Eva müssen ihren Kindern dieses Ereignis erzählt und sie dabei unterwiesen haben, wie kostspielig Sünde ist. Auf jeden Fall verstand Abel, auf welcher Basis Gott den Menschen akzeptiert, denn in 1. Mo. 4 sehen wir, wie er „ein besseres Opfer" darbrachte als sein Bruder Kain. Im Hebräerbrief finden wir den Grund, weshalb Gott das Opfer Abels annahm und Kains Opfer zurückwies: Abel kam mit dem schuldlosen

Leben eines anderen zu Gott. Von Hebr. 11 aus verstehen wir, daß Abels Opfer im Glauben dargebracht wurde. „Durch Glauben brachte Abel Gott ein besseres Opfer dar als Kain, durch welchen Glauben er das Zeugnis erhielt, daß er gerecht war, indem Gott Zeugnis gab zu seinen Gaben; und durch diesen Glauben redet er noch, obgleich er gestorben ist“ (Hebr. 11,4).

Er erhielt vor Gott das Zeugnis, daß er gerecht war, nicht auf Grund seines Charakters oder Verhaltens, sondern weil er seinen Glauben auf das richtete, was offensichtlich von Gott veranlaßt worden war – das Vergießen von Blut. Wir erfahren nicht, wieviel Abel von der Sache verstand; wir sehen nur, daß er sich dem Herrn auf der Basis des Glaubens an das Blut näherte.

Als Gott Hunderte von Jahren später Israel aus der ägyptischen Gefangenschaft befreite, spielte das Blut des Lammes die entscheidende Rolle. Der Herr hatte Seine Macht durch gewaltige Zeichen und Wunder offenbart, die Er unter den Ägyptern getan hatte. Mit den 10 Plagen vollzog er Sein Gericht an den Göttern Ägyptens. Doch erst nachdem Blut vergossen worden war, wurde das Volk Gottes befreit und floh aus Ägypten. Das Blut brachte die entscheidende Wende.

Der Herr, der Gott Israels, sagte zu Mose, daß für jeden Haushalt ein Lamm geschlachtet werden sollte. Alle sollten im Haus bleiben und das Passahlamm essen. Das Blut des Lammes mußte jedoch auf die beiden Türpfosten an der Außenseite des Hauses gestrichen werden. Danach sollten sie wieder ins Haus zurückgehen und das Festmahl halten. Sie konnten das Blut nicht sehen, denn es war draußen. Das Blut war nicht für ihre Augen bestimmt, sondern für Gott, denn Er hatte gesagt: „... wenn ich das Blut sehe, dann werde ich an euch vorübergehen...“ (2. Mo. 12,13).

Wieder einmal ist es der Hebräerbrief, der Licht in diese Begebenheit hineinbringt. „Durch Glauben hat er (Mose) das Passah gefeiert und die Blutbestreichung ausgeführt, damit der Verderber der Erstgeburt sie nicht antastete“ (Hebr. 11,28). Sie glaubten an das Blut und setzten ihr Vertrauen insbesondere auf das, was Gott über das Blut sagte. In derselben Weise setzen auch wir unser Vertrauen auf das, was Gott für wirksam erklärt. Wir können das kostbare Blut Jesu nicht sehen, doch das macht nichts; nicht wir sollen es sehen, sondern Gott. Wir vertrauen einfach dem Wort Gottes bezüglich des Blutes. Ich kann zwar das Blut nicht sehen, aber ich kann das Wort sehen, und „der Glaube“ ist „eine Überzeugung von Tatsachen, die man nicht sieht“ (Hebr. 11,1; Schl.).

Das nächste wichtige Ereignis, das wir in bezug auf das Blut betrachten wollen, ist der „Versöhnungstag“. Im Gesetz für das Heiligtum, das Gott Mose gab, finden sich strikte Forderungen, die erfüllt werden mußten, um sich Gott nahen zu können. Nur ein Mal im Jahr war es dem Hohenpriester erlaubt, das Allerheiligste zu betreten, und zwar am Versöhnungstag. Der Hohepriester war der einzige, der sich Gott nahen konnte, und dies geschah nur ein Mal im Jahr.

In 3. Mo. 16 lesen wir über das Gesetz der Versöhnung. Der Herr teilte Aaron mit, daß er das Blut des Opfers vom Vorhof herzubringen müsse, um in Seine Gegenwart zu kommen. Israels Befreiung war mit dem Blut des Lammes eingeleitet worden. Doch die Bibel macht ganz deutlich, daß auch danach „ohne Blut“ kein Zutritt möglich war. Gott sagte sogar zu Aaron, daß er sterben würde, falls er ohne Blut käme. Das ist bemerkenswert: käme Aaron mit dem Blut, wäre er in Gottes Gegenwart angenommen; ließe er diese eine Sache unberücksichtigt, würde er sterben. Nicht eine große Sünde oder eine charakterliche Schwäche des Hohenpriesters würden Zurückweisung bewirken, sondern die Abwesenheit des Blutes!

Weshalb war es so wichtig, Blut in das Allerheiligste zu bringen? Weil Gott gern Blut ansieht? Nein. Natürlich nicht. Doch es gibt einen sehr wichtigen Grund, warum Blut erforderlich war. Das Blut, das auf den Gnadenstuhl gesprengt wurde, bezeugte, daß nach den gerechten Forderungen des Gesetzes Sühnung geschehen war. Die gerechte Bestrafung war durch die Darbringung eines unschuldigen Lebens tatsächlich erfolgt.

Wie ich im letzten Kapitel schon sagte, war dieser blutbesprengte Gnadenstuhl ein Gedenkzeichen für Gottes Gerechtigkeit. Es gab einen wichtigen Grund, weshalb das Blut auf den Gnadenstuhl gesprengt wurde. Vielleicht können wir dies besser verstehen, wenn wir uns seine Konstruktion genauer ansehen. Der Gnadenstuhl sollte als Deckel für die Bundeslade dienen. Er wurde auch „Sühnedeckel" genannt. Die Bundeslade enthielt neben anderen Dingen die zerbrochenen Tafeln des Gesetzes oder das Gesetz, das gebrochen worden war. Deshalb war es notwendig, einen Deckel der Gnade daraufzulegen.

Dieser Deckel wie auch die Cherubim, die sich darüber beugten, waren aus einem massiven Stück Gold gefertigt. Bei den Cherubim handelte es sich nicht um Engel, denn sie waren eins mit dem Deckel. Aus Röm. 3,25 geht hervor, daß der Gnadenstuhl eine Darstellung Christi ist. „Ihn hat Gott dargestellt zu einem Gnadenstuhl durch den Glauben an sein Blut..." (Rev. Elb., 1975). So sind die Cherubim keine Engel, sondern auch eine Darstellung Christi.

In der Bibel werden Cherubim das erste Mal nach dem Sündenfall erwähnt. Gott stellte einen Cherub vor den Baum des Lebens, um den Menschen davon fernzuhalten. Ich schließe daraus, daß die Cherubim ein Bild der Gerechtigkeit Gottes, Hüter Seiner Heiligkeit sind. Die Cherubim waren so gefertigt, daß sie auf die Bundeslade mit dem gebrochenen Gesetz niederschauten. Deshalb war Gnade zwischen ihren feurigen Blicken und dem gebrochenen Gesetz. Der Gnadenstuhl und die Cherubim waren aus einem einzigen Stück Gold gearbeitet, d.h. sie bildeten eine Einheit. Die Gnade Gottes und die Gerechtigkeit Gottes können nicht voneinander getrennt werden. Sie sind eins, denn Gott kann sich selbst nicht verleugnen. „Gnade und Wahrheit sind sich begegnet; Gerechtigkeit und Frieden haben sich geküßt“ (Ps. 85,11). Gott kann nicht geteilt werden. Gnade und Gerechtigkeit gehören zusammen.

Wäre nicht Blut auf den Gnadenstuhl gesprengt worden, hätten Gnade und Gerechtigkeit niemals miteinander vereint werden können. Dieses Blut zeigte, daß Sünde gesühnt worden war und damit die Forderungen des Gesetzes erfüllt waren. Der Evangelist Charles Finney, ein ehemaliger Rechtsanwalt, verstand das gut. Er schrieb darüber, wie wichtig es sei, daß Gerechtigkeit aufrechterhalten werde. „Es muß klar verstanden werden, daß das göttliche Gesetz seinen Ursprung in Gottes Güte hat und auch nur Gottes gütige Ziele im Blick hat. Es wurde einzig und allein geoffenbart, um über den Weg des Gehorsams den größtmöglichen Segen zu fördern.“ Gottes Gesetze sind gut und können, wie wir im ersten Kapitel gesehen haben, nicht ignoriert werden. Das Blut auf dem Gnadenstuhl weist auf das Opfer eines unschuldigen Lebens hin, das auf dem Altar im Vorhof dargebracht wurde.

Ohne das Blut wäre der Gnadenstuhl ein Gerichtsstuhl. Das verdeutlicht uns noch einmal, daß das Blut dazu bestimmt war, von Gott gesehen zu werden und nicht von Menschen. Wenn wir also die Macht des Blutes Jesu richtig einschätzen wollen, müssen wir uns der Tatsache bewußt sein, daß es nicht für unsere Augen, sondern für die Augen Gottes bestimmt ist. Ich kann über das Blut nur etwas durch die Offenbarung in Seinem Wort erfahren.

Das Blut Jesu, das jetzt in der Gegenwart des Vaters ist, ist der Grund, weshalb Gott Ihnen und mir vergeben kann. Unsere Sünden sind nicht deshalb vergeben, weil Gott über sie hinwegsieht, sondern weil Er das Blut sieht und weiß, daß Gerechtigkeit hergestellt ist. Nur so kann der Herr uns vergeben. Wenn wir versuchen, den Wert des Blutes Jesu mit unseren Gefühlen zu erfassen, werden wir nicht zu seinem wahren, kostbaren Wert vordringen. Watchman Nee, ein hervorragender chinesischer Bibellehrer, sagte dazu folgendes: „Nun, die ganze Schwierigkeit für uns besteht darin, daß wir versuchen, es zu erspüren; wir möchten seinen Wert erfühlen und subjektiv erfassen, was das Blut für uns bedeutet. Das können wir nicht; so geht es nicht. Das Blut ist vornehmlich etwas für Gottes Augen. Wir müssen Gottes Wertschätzung des Blutes akzeptieren; dann finden wir unsere Errettung. Wenn wir statt dessen über unsere Gefühle zu einer Wertschätzung kommen wollen, erhalten wir nichts; wir bleiben in Finsternis. Nein, es ist eine Sache des Glaubens an Gottes Wort. Wir müssen glauben, daß das Blut für Gott kostbar ist, weil Er es so sagt (1. Ptr. 1,18.19). Wenn Gott das Blut als Bezahlung für unsere Sünden und als Preis für unsere Erlösung annehmen kann, dann können wir sicher sein, daß unsere Schuld bezahlt ist. Wenn Gott zufrieden ist mit dem Blut, dann muß das Blut annehmbar sein. Unsere Wertschätzung entspricht ausschließlich Seiner Wertschätzung, nicht mehr und nicht weniger. Wir wollen uns daran erinnern, daß Er heilig ist. Er ist gerecht, und ein heiliger und gerechter Gott hat das Recht zu sagen, daß das Blut in Seinen Augen annehmbar ist und Ihn vollkommen zufriedenstellt."

Wahrhaftig, ein heiliger und gerechter Gott würde nichts akzeptieren, was weniger ist als völlige Gerechtigkeit. Gott hat gesagt, daß das Blut in Seinen Augen kostbar ist; deshalb müssen auch wir Seine Wertschätzung der Macht des Blutes Jesu annehmen.

Kapitel 3: Gerechtfertigt durch Sein Blut

Wir haben bereits gesehen, daß das Blut Jesu in der Gegenwart Gottes ist. Wir haben erfahren, daß Gott unsere Sünden nur auf Grund des Blutes vergeben kann und uns so aus der Hand des Feindes befreit. Nun wollen wir weiter betrachten, was das Blut Jesu für den Vater bedeutet. Ich hoffe im ersten Kapitel deutlich gemacht zu haben, daß unsere Erlösung viel mehr beinhaltet als die zunächst erfahrene Vergebung der Sünden; denn diese Vergebung öffnet uns die Tür zu einer vollständigen Erlösung. Ein Teil der Erlösung ist unser gerechter Stand vor Gott. Dies ist insbesondere das Thema unseres Kapitels: Unsere rechtmäßige Position der Gerechtigkeit.

Im Alten Testament bezieht sich der Begriff „Gerechtigkeit" in erster Linie auf die richtige Lebensführung. Im Neuen Testament werfen besonders die Schriften des Paulus kostbares Licht auf das Verständnis von Gerechtigkeit. Dabei geht es zwar noch genauso um unser Verhalten, darüber hinaus jedoch um Gerechtigkeit als unsere rechtliche Stellung, die wir vor Gott innehaben, so daß wir ohne eine Erinnerung an Sünde in Seiner Gegenwart stehen können. Es ist die Befähigung, ohne eine Vergangenheit von Übertretungen, ohne Angst, Verdammnis oder Minderwertigkeitsgefühlen vor den Thron der Gnade kommen zu können. Das klingt vielleicht zu schön, um wahr zu sein, doch macht es das Blut Jesu zu einer lebendigen Realität.

Der Begriff „Rechtfertigung" stammt aus dem Gerichtssaal und besagt soviel wie „jemanden für gerecht oder unschuldig erklären". Er bedeutet nicht „gerecht machen", sondern „für gerecht erklären". Aus diesem Grund gebraucht die „Einheitsübersetzung" oft das ursprüngliche Wort „gerecht sprechen". Das ist sehr wichtig; denn obwohl unsere charakterliche Veränderung Gottes tägliche Arbeit ist, werden wir in der Tat gerecht gesprochen, bevor wir gerecht gemacht sind. Gott möchte viele Veränderungen in unserem Charakter und in unserem Verhalten bewirken, doch unsere Befähigung, ohne Gewissensbisse und Beschämung in Seiner Gegenwart stehen zu können, beruht nicht auf unserem Charakter, sondern allein auf dem kostbaren Blut Jesu.

Im Brief des Paulus an die Römer lesen wir folgende Worte: „... und werden umsonst gerechtfertigt durch seine Gnade, durch die Erlösung, die in Christus Jesus ist. Ihn hat Gott dargestellt zu einem Gnadenstuhl durch den Glauben an sein Blut ...“ (Röm. 3,24; alte Elb.).

Auf Grund des Blutes Jesu kann der Vater alle, die sich von ihrem alten Leben abgewendet und Sein neues Leben in sich empfangen haben, für gerecht erklären. Gott rechtfertigt uns nicht auf der Grundlage dessen, was wir sind, sondern auf der Grundlage des vergossenen Blutes des Lammes. Es ist ein juristischer Begriff, nicht ein Gefühl oder eine Erfahrung, etwas, das die Gottheit im obersten himmlischen Gerichtssaal erklärt hat.

„Gerecht“ bedeutet schuldlos oder unschuldig. Damit ist nicht gemeint, daß ich in Wahrheit schuldig bin und Gott jetzt einfach die Schuld „vergißt“. Jesus Christus hat „unsere Sünden an seinem Leib selbst an das Holz hinaufgetragen..., damit wir, den Sünden abgestorben, der Gerechtigkeit leben ...“ (1. Ptr. 2,24). Der Vater hat kein Protokoll mehr von meinen Sünden. Das Lamm Gottes hat sie hinweggenommen.

Ein Beispiel aus meinem Leben demonstriert das meiner Ansicht nach recht gut. Im Alter zwischen 13 und 20 Jahren stand ich ständig im Konflikt mit der Polizei. Es sah so aus, als ob ich mein ganzes Leben in Haft verbringen würde. Nachdem ich mich mit 20 Jahren bekehrt hatte, mußte ich ein Bewerbungsschreiben für eine bestimmte Arbeitsstelle ausfüllen. Alles ging glatt, bis ich in der Mitte der Seite zu einer Frage kam, die in großen fetten Buchstaben gedruckt war: Sind Sie jemals straffällig geworden? Was konnte ich tun? Ich konnte nicht lügen. Ich war ja inzwischen Christ. So tat ich, was jeder ehrliche Mensch tun würde. Ich schrieb: Ja! Obwohl ich jetzt wußte, daß ich den Arbeitsplatz nicht bekommen würde, machte es mir nichts aus, die Bewerbung trotzdem einzureichen. Ein paar Tage später sprach ich mit einem Freund, der Rechtsanwalt war, und erwähnte nebenbei diese Sache. Er informierte mich bereitwillig über ein Gesetz, d.h. eine gesetzliche Regelung, die ich nicht kannte. Er sagte, daß in dem Staat, in welchem ich lebte, das Jugendstrafregister jeweils am 21. Geburtstag gelöscht würde, so daß danach jeder wieder die Möglichkeit hatte, mit einer weißen Weste zu beginnen. So riet er mir, meinen Bewerbungsantrag noch einmal auszufüllen, und diesmal konnte ich bei der Frage, die ich vorher mit „Ja" beantwortet hatte, ehrlichen Herzens ein „Nein" hinschreiben. Darum geht es nun: Obwohl ich mich ganz leicht daran erinnern konnte, verhaftet gewesen zu sein, war ich – auf Grund einer gesetzlichen Regelung – vollkommen ehrlich, wenn ich aussagte, niemals in Haft gewesen zu sein. Es gab keine gesetzliche Grundlage mehr, mich ablehnen zu können. Ich konnte ganz rechtmäßig NEIN hinschreiben! Und genau das tat ich. Das Gesetz hatte mich gerechtfertigt – mich für gerecht erklärt.

Wir haben gesehen, daß uns nicht die Veränderung unseres Charakters vor Gott rechtfertigt, sondern allein das vergossene Blut Jesu. Das bringt Röm. 4 deutlich zum Ausdruck. In diesem Abschnitt der Schrift spricht Paulus über zwei hochgeachtete Männer aus der Geschichte Israels – Abraham und David. Abraham, sagt Paulus, wurde von Gott nicht auf Grund seiner Werke angenommen. „Denn wenn Abraham aus Werken gerechtfertigt worden ist, so hat er etwas zum Rühmen, aber nicht vor Gott" (Röm. 4,2). Später heißt es in diesem Kapitel über Abraham: „Dem dagegen, der nicht

Werke tut (d.h. gute Taten, um Gerechtigkeit zu erlangen), sondern an den glaubt, der den GOTTLOSEN RECHTFERTIGT, wird sein Glaube zur Gerechtigkeit gerechnet..." (Vers 5). Es wird also nicht der Gerechte gerechtfertigt, sondern der Gottlose. Jesus sagte, Er sei nicht gekommen, um Gerechte zu erretten, sondern Sünder. Während wir noch rebellisch und niederträchtig in unseren Sünden lebten, liebte uns Jesus und trug unsere Sünden ans Kreuz von Golgatha (siehe Röm. 5,6.8.10). Jesus, das Lamm Gottes, nahm unsere Sünde und Schuld mit in Seinen Tod. Dies sah Jesaja etwa 750 Jahre vor Christi Geburt in einer Vision. Die Menschen hielten Jesus für „bestraft, von Gott geschlagen und niedergebeugt. Doch er war durchbohrt um unserer Vergehen willen, zerschlagen um unserer Sünden willen" (Jes. 53,4.5). Der weiteren Offenbarung Jesajas zufolge wurde Er um unseres Wohlergehens willen bestraft, und „der Herr ließ ihn treffen unser aller Schuld" (Jes. 53,6), obwohl wir von Ihm wegliefen. Wie Paulus an verschiedenen Stellen seiner Schriften zeigt, wurde die Botschaft von der Rechtfertigung durch Glauben bereits im Alten Testament gepredigt. Denn hier in unserem Zusammenhang nimmt der Prophet dieses Thema mit in seine Prophetie hinein. „Durch seine Erkenntnis wird der Gerechte, mein Knecht, den Vielen zur Gerechtigkeit verhelfen, und ihre Sünden wird er sich selbst aufladen. ...dafür, daß er seine Seele ausgeschüttet hat in den Tod und sich zu den Verbrechern zählen ließ. Er aber hat die Sünden vieler getragen und für die Verbrecher Fürbitte getan" (Jes. 53,11.12). Jesus, das Lamm Gottes, tat Fürbitte für die von Gott Abgefallenen. Er war ein Mittler und nahm den gerechten Zorn eines heiligen Gottes auf sich. Ihm, der keine Sünde kannte, obwohl Er „in allem in gleicher Weise wie wir versucht worden ist", wurden unsere Sünden und unsere Schuld auferlegt. Nachdem Er im Garten Gethsemane den Kelch getrunken hatte, wurde Er für uns zur Sünde gemacht und gab sich danach selbst als Schuldopfer hin.

In den ersten drei Kapiteln des Römerbriefes führt Paulus die ganze Menschheit in den Gerichtssaal und stellt für alle Menschen mit Erfolg den Antrag auf Schuldigsprechung. Er legt dar, daß jedem, der das Gesetz Gottes nicht kennt, dennoch ein Gesetz auf sein Herz geschrieben ist. So wird jeder Mensch dem moralischen Maßstab entsprechend gerichtet, den er an andere angelegt, selbst aber nicht eingehalten hat (Röm. 2,1-16). Dann verdeutlicht der Apostel denen, die sich auf Grund von Gesetzeswerken Rechtfertigung versprechen, daß sie angesichts des göttlichen Maßstabes von Gerechtigkeit ebenso hoffnungslos und hilflos dastehen wie die anderen. „Der du dich des Gesetzes rühmst, du verunehrst Gott durch die Übertretung des Gesetzes?“ (Röm. 2,23). Gottes Maßstab ist 100%; 90% werden nicht ausreichen. So kommen wir durch Paulus zu der Schlußfolgerung, daß wir „alle unter der Sünde“ sind (Röm. 3,9). Es wird nun, wie er deutlich herausstellt, „jeder Mund verstopft ... und die ganze Welt dem Gericht Gottes verfallen“ sein (Vers 19).

Wir werden aber nicht in einem Meer von Verzweiflung zurückgelassen; denn die „schlechte Nachricht“ unseres völligen Bankrotts führt uns zu der guten Botschaft von Gottes überfließender Vorsorge. „Jetzt aber“, schreibt Paulus, „ist ohne Gesetz Gottes Gerechtigkeit geoffenbart worden...“ (Röm. 3,21). So wie es wahr ist, daß „alle... gesündigt“ haben und nicht „die Herrlichkeit Gottes“ erlangen, so ist der zweite Teil dieses Satzes ebenso wahr: „und werden umsonst gerechtfertigt (d.h. sie werden in ihrem Stand vor Gott für gerecht erklärt) durch seine Gnade, durch die Erlösung, die in Christus Jesus ist“ (Röm. 3,23.24).

Wie hat Gott das getan? Er tat es „in Christus“. In Christus nahm Gott unser aller Sünde und Schuld und ließ Sein gerechtes Gericht auf Ihn fallen. „Den, der Sünde nicht kannte, hat er für uns zur Sünde gemacht, damit wir Gottes Gerechtigkeit würden in ihm“ (2. Kor. 5,21).

Wir können dies alles besser verstehen, wenn wir die

beiden Namen betrachten, die der Heilige Geist Jesus im ersten Brief an die Korinther gibt. Im Kapitel 15 wird Er als der „letzte Adam“ (nicht der zweite Adam, sondern der letzte) und der „zweite Mensch“ bezeichnet (Vers 45 und 47). Jesus hing als der letzte Adam am Kreuz und wurde von Gott, dem Vater, gerichtet. Jesus, das fleckenlose Lamm Gottes, wurde zum Sündopfer gemacht. In Ihm verurteilte Gott „die Sünde im Fleisch“ (Röm. 8,3).

Als letzter Adam brachte Jesus den alten Adam zu einem Ende. Doch Gott erweckte Ihn von den Toten, um Ihn zum „zweiten Menschen“ oder, wie Er auch im Epheserbrief genannt wird, zum „neuen Menschen“ zu machen. Im letzten Adam wurden wir zum Tod verurteilt und starben. Durch Gottes Gnade schmeckte Er den Tod für jeden (Hebr. 2,9); doch Sein Tod wurde uns, die wir glauben, zugerechnet. Als Jesus jedoch von den Toten auferstand, trug Er nicht unsere Sünden, sondern unsere Rechtfertigung. „... der unserer Übertretungen wegen dahingegeben und unserer Rechtfertigung wegen (oder weil Gott uns für gerecht erklärt hat), auferweckt worden ist“ (Röm. 4,25). In Christus sind wir für gerecht erklärt worden. „Denn wie durch des einen Menschen Ungehorsam die vielen in die Stellung von Sündern gesetzt worden sind, so werden auch durch den Gehorsam des einen die vielen in die Stellung von Gerechten gesetzt werden“ (Röm. 5,19).

Jesus trug sowohl uns als auch unsere Sünden ans Kreuz. Als Er starb, starb ich in Ihm: „... da wir zu diesem Urteil gekommen sind, daß einer für alle gestorben ist und somit alle gestorben sind“ (2. Kor. 5,14). Die Geißelung durch die Hände der römischen Soldaten wurde Ihm um meinetwillen auferlegt. Die Dornenkrone, die Seine Stirn durchstach, ertrug Er für dich und mich. Der Tod, den Er starb, wurde jedem zugerechnet, der an Jesus glaubt. Gott betrachtet uns als solche, die schon für die Sünde abgeurteilt worden sind, aber was noch größer ist: wir werden nicht als die alten

Sünder auferweckt, nicht als Gefangene, die unter bestimmten Bedingungen freigelassen worden sind. Vielmehr sind wir auferweckt worden als „neuer Mensch", der „nach Gott geschaffen ist in wahrhaftiger Gerechtigkeit und Heiligkeit" (Eph. 4,24).

Nun ist das Blut Jesu zum ewigen Gedenken an dieses Geschehen vor Gott. Deshalb sagt Paulus auch, daß „wir jetzt durch sein Blut gerechtfertigt sind..." (Röm. 5,9). Das Blut ist in Gottes Gegenwart, eine fortwährende Erinnerung daran, daß Jesus den Zorn Gottes über die Sünde auf sich genommen hat. Das Blut befindet sich jedoch nicht nur vor dem Thron des Vaters, sondern wie uns die Bibel sagt, spricht es auch. Darüber lesen wir im Hebräerbrief: „...ihr seid gekommen ... zu Jesus, dem Mittler eines neuen Bundes; und zu dem Blut der Besprengung, das besser redet als das Blut Abels" (Hebr. 12,22.24). Ich dachte immer, es müßte eigentlich heißen: „besser als das Blut von Rindern und Ziegen"; doch so steht es nicht da, weil jenes Blut nicht sprach. Das Blut Abels jedoch sprach. Davon lesen wir in 1. Mo. 4. Nachdem Kain seinen Bruder getötet hatte, fragte ihn Gott: „Wo ist dein Bruder Abel?" Als Kain erwiderte, daß er es nicht wisse, sprach Gott: „Was hast du getan! Horch! Das Blut deines Bruders schreit zu mir vom Ackerboden her" (Vers 10). Dieses Blut schrie nach Vergeltung. Es forderte Gerechtigkeit. Hier schrie das Leben eines unschuldigen (aber nicht sündlosen) Opfers vom Erdboden her zu Gott. Die Bibel sagt nun, daß das Blut Jesu besser redet. Jesu Blut schreit nicht nach Gericht, das über Seine Verräter gehalten werden soll, sondern es ruft aus, daß Gerechtigkeit erfüllt worden ist. Während das Blut Abels einen Fluch über Kain ausspricht, spricht das kostbare Blut Jesu einen Segen aus. Abels Blut redete zu Gott über Verdammnis, das Blut Christi hingegen verkündigt die „Rechtfertigung des Lebens".

Wenn wir vor Gott treten, müssen wir wissen, daß wir zu diesem Blut kommen. Dort hören wir nicht eine Stimme, die

Verdammnis ausspricht, sondern eine, „die bessere Dinge redet“. Das Blut der Besprengung erinnert daran, daß ein Leben – das sündlose Leben des Sohnes Gottes – am Kreuz geopfert wurde, und daß damit die gerechten Forderungen des Gesetzes erfüllt worden sind.

Kapitel 4: Glauben an das Blut

Wenn wir sündigen, haben wir in drei verschiedenen Bereichen Probleme. Unser erstes Problem besteht Gott gegenüber, denn Er ist Gerechtigkeit und muß über Sünder Gericht halten. Wie ich hoffe, deutlich gemacht zu haben, ist Gottes Gericht an Jesus am Kreuz vollzogen worden. – Wir haben jedoch noch ein weiteres Problem (über das dritte werde ich im nächsten Kapitel sprechen). Mein Problem mit Gott ist durch das Blut Seines Sohnes gelöst worden; aber da ist noch das Problem mit mir selbst.

Ich bin im Ebenbild Gottes geschaffen. Gott richtet Sünde, weil Er ein gerechter Gott ist. Da ich nun nach Seinem Ebenbild geschaffen bin, besitze auch ich ein Gerechtigkeitsempfinden, das wir „Gewissen" nennen. Mein Gewissen ist die Instanz, mit der ich „richtig" und „falsch" unterscheiden kann. Wenn ich also sündige, weiß es nicht nur Gott, sondern es ist mir auch selbst bewußt. Die Bibel sagt, daß uns unser Gewissen entweder anklagt oder entschuldigt (Röm. 2,14.15).

Mein Gewissen versteht nur eines: Gerechtigkeit. Es versteht keine Gnade, sondern nur Gerechtigkeit. Vielleicht ist dies der Grund, weshalb wir versuchen, unsere Handlungen zu rechtfertigen, wenn wir gesündigt haben, statt der Wahrheit ins Auge zu sehen. Wir möchten unser Gewissen davon überzeugen, daß das, was wir getan haben, nicht so schlecht war. Deshalb sagt uns die Bibel, wir sollen bekennen, d.h. unserer Sünde mutig begegnen. Wenn wir gesündigt haben, möchte Gott nicht, daß wir uns einzureden versuchen, es sei in Wirklichkeit nicht so schlimm. Sobald ich zugebe, daß ich falsch gehandelt habe, wird Gott mir vergeben.

Wenn ich nun eingestehe, einen Fehler begangen zu haben, verurteilt mich mein Gewissen. Auch mein Gewissen muß, ebenso wie die Gerechtigkeit Gottes, zufriedengestellt werden. Erinnere dich daran: mein Gewissen versteht nur Gerechtigkeit, keine Gnade. Die gute Nachricht ist nun, daß das Blut Jesu auch in der Lage ist, mein Gewissen zu reinigen.

Der Schreiber des Hebräerbriefes sagt uns, daß das Blut Jesu fähig ist, unser Gewissen zu reinigen. „... wieviel mehr wird das Blut des Christus, der sich selbst durch den ewigen Geist als Opfer ohne Fehler Gott dargebracht hat, euer Gewissen reinigen von toten Werken, damit ihr dem lebendigen Gott dient!" (Hebr. 9,14). Wie tut Gott das? Nimmt Er tatsächlich mein Gewissen und reinigt es mit dem Blut? Nein, ich denke nicht; denn der Herr wendet das Blut nicht direkt, sondern indirekt auf mein Gewissen an. Wir haben gesehen, daß das Gewissen unser Gerechtigkeitsempfinden ist. Deshalb ist es unbedingt notwendig, die Macht des Blutes zu verstehen. Ebenso wichtig ist es zu erfassen, daß Gott mir nicht einfach auf Grund Seiner großen Barmherzigkeit vergibt. Davon spricht der Apostel Johannes: „Wenn wir unsere Sünden bekennen, ist er treu und gerecht, daß er uns die Sünden vergibt und uns reinigt von jeder Ungerechtigkeit" (1. Joh. 1,9). Sehen Sie das? Gottes Vergebung steht in vollkommener Übereinstimmung mit Seiner Gerechtigkeit. Dies ist nun aber das Entscheidende: Wenn Gott das Blut Seines Sohnes als ausreichend ansieht, um Seiner Gerechtigkeit Genüge zu tun, sollte auch ich durch dasselbe zufriedengestellt sein.

Wollen wir zu einer wahren Wertschätzung des Blutes kommen, müssen wir – wie schon gesagt – akzeptieren, was Gott über das Blut sagt. Wenn ich also irgend etwas von dem empfangen möchte, was Gott durch das kostbare Blut zustandegebracht hat, muß es auf der Basis des Glaubens geschehen. Indem ich durch Glauben dieselbe Sühnung empfange wie Gott, wird mein Gewissen gereinigt. Gott hat in Seinem Wort gesagt, daß das Blut ausreicht. Der Gerechtigkeit ist Genüge getan. Ich muß also wissen, daß alle Gerechtigkeit erfüllt ist und ich somit in der Lage bin, die Vergebung Gottes für mein Gewissen zu empfangen. Wenn ich das tue, ist mein Gewissen rein.

Im Epheserbrief finden wir einen Schlüssel, wie wir uns die Vorsorge Gottes zu eigen machen können: die Gnade Gottes und unser Glaube müssen zusammenwirken. „Denn aus Gnade seid ihr errettet durch Glauben..." (Eph. 2,8). Es geschieht durch Gnade, aber auch durch Glauben. Wir sind nicht aus Gnade allein errettet, sondern aus Gnade durch Glauben. Wenn uns allein die Gnade retten würde, wäre die ganze Welt gerettet, denn Gott hat genug Gnade für jeden. Doch ist selbst die Gnade Gottes machtlos, wenn sie nicht durch Glauben in Anspruch genommen wird. Glaube bedeutet einfach Annahme der Vorsorge Gottes.

Dieses Prinzip wird an verschiedenen anderen Stellen des Neuen Testamentes dargestellt. In Röm. 5 finden wir z.B. zwei Aussagen bezüglich unserer Rechtfertigung. In Vers 9 wird uns gesagt, daß wir „durch sein Blut gerechtfertigt sind". In Vers 1 macht Paulus jedoch deutlich, daß wir aus Glauben gerechtfertigt worden sind. Was stimmt nun? Geschieht es aus Glauben oder durch Sein Blut? Es geschieht durch Glauben an Sein Blut.

Ich erinnere mich daran, daß ich auf der Bibelschule zufällig hörte, wie zwei Schüler über das Thema Glauben diskutierten. Offensichtlich dachte der eine, der andere betone den Glauben zu stark. Der, der so beschuldigt wurde, gab zu bedenken: „Sind wir denn nicht durch Glauben errettet?" Der erste erwiderte: „Wir sind durch Jesus errettet". Gewiß klingt diese Antwort gut, und doch enthält sie nur die halbe Wahrheit. Denn obwohl wir durch Jesus gerettet wurden, macht die Bibel doch ganz klar, daß bei unserer Errettung der Glaube eine wichtige Rolle spielt. Gottes Vorsorge ist Gnade. Der Glaube ist deren Aneignung.

Glaube kann Rechtfertigung nicht verdienen, vielmehr

empfängt er einfach das, was Gott vollbracht hat. Aus Gottes Perspektive geschieht es durch das Blut, aus unserer Perspektive durch Glauben. Das geht noch deutlicher aus einer anderen Schriftstelle hervor, in der wir zwei Seiten der Erlösung erkennen können. Paulus spricht in diesem Zusammenhang über unseren Eintritt in die Gegenwart Gottes. „In ihm haben wir Freimütigkeit und Zugang in Zuversicht durch den Glauben an ihn“ (Eph. 3,12). Können Sie das sehen? Er hat uns einen freien und sicheren Zugang verschafft, doch wir müssen diese Möglichkeit ergreifen. Wie kann das geschehen? „Durch Glauben an Ihn.“ Obwohl Er also einen „neuen und lebendigen Weg“ für uns eröffnet hat, auf dem wir Gott nahekommen können, werden wir uns solange nicht daran erfreuen, bis wir nicht unsere Herzen öffnen, um im Glauben zu empfangen.

Dasselbe Prinzip ist auch im Hebräerbrief zu sehen. Hier sagt der Schreiber nachdrücklich: „Da wir nun ... durch das Blut Jesu Freimütigkeit haben zum Eintritt in das Heiligtum...“ (Hebr. 10,19). Der Grund für unsere Freimütigkeit ist nicht unser ausnahmsweise gutes Verhalten am heutigen Tag und das sich daraus ergebende Angenommensein vor dem Thron Gottes. Unsere Freimütigkeit, das Heiligtum zu betreten, beruht allein auf dem Blut Jesu. Er hat den Weg freigemacht, aber Er sagt: „...so laßt uns hinzutreten mit wahrhaftigem Herzen in voller Gewißheit des Glaubens...“ (Hebr. 10,22). Wieder einmal ergreift der Glaube die überströmende Vorsorge Gottes. Im Kolosserbrief nennt Paulus dies „den Glauben an die wirksame Kraft Gottes“. Ich erführe nie etwas von dem, was Gott vollbracht hat, wenn Er es nicht in Seinem Wort geoffenbart hätte. Da aber Gott in der Bibel – Seinem Wort – gesagt hat, was das Blut Jesu erwirkt hat, kann ich im Glauben darauf stehen. Das allein ist die Basis meiner Freimütigkeit, mich dem Thron Gottes zu nähern. Ich bin „...nahe geworden“ durch das Blut des Christus, und dennoch, „...wer Gott naht, muß glauben...“ (Eph. 2,13; Hebr. 11,6).

Wir beten oft nicht, weil wir von den wunderbaren Dingen, die Gott durch das Blut erwirkt hat, keinen Gebrauch machen. Verdammnis ist eines der Dinge, die Heilige aus dem Thronraum heraushalten. Man fühlt sich heute nicht würdig und kann deshalb nicht beten. Einmal schrieb ich einige Dinge auf ein Blatt Papier, von denen ich den Eindruck hatte, daß sie in meinem Leben geändert werden müßten. Dann ging ich in den Gebetsraum und brachte alles vor den Herrn. Ich bekannte Jesus mein Versagen, fühlte mich aber dennoch nicht frei. Ich erinnere mich daran, wie enttäuscht ich den Gebetsraum verließ, denn ich spürte immer noch die Last der Schuld auf meiner Seele. Als ich während meiner Tageslese die Bibel studierte, stieß ich in Mk. 1 auf einen Vers, der mich seitdem immer wieder gesegnet hat: „Tut Buße und glaubt an das Evangelium" (Vers 15). Es reicht also nicht aus, Buße zu tun, so grundlegend das auch ist. Wir können den Frieden Gottes nicht genießen, wenn wir nicht an das Evangelium glauben. Das bedeutet, daß wir unser Vertrauen auf das setzen, was Jesus auf Golgatha erfüllt hat. Wir können den ganzen Tag Buße tun, doch wenn wir uns nicht in glaubender Zuversicht auf die gute Nachricht verlassen, werden wir weiterhin die Last der Schuld tragen. Wir glauben nicht an unsere Buße, sondern an das Evangelium. Mein Glaube gründet sich auf das, was Gott durch Jesus am Kreuz erwirkt hat.

Nun muß ich zugeben, daß für mich die Verheißung in 1. Joh. 1,9 lange Zeit eine frustrierende Bibelstelle war. Denn obwohl ich dankbar dafür war, daß „er uns die Sünden vergibt", „wenn wir unsere Sünden bekennen", wollte ich doch von „jeder Ungerechtigkeit" gereinigt sein. Oft bat ich Gott inständig, Er möge dieses Werk in mir tun, denn ich dachte, Reinigung von aller Ungerechtigkeit bedeute, daß jede ungerechte Tat aus mir herausgenommen würde. Dabei stellte ich mir eine Art geistliche Amputation vor. So lobenswert meine Motive auch erscheinen mögen, es steht dennoch nicht das richtige Verständnis von 1. Joh. 1,9 dahinter. Johannes zeigt uns hier etwas sehr Wunderbares. Er sagt, daß Gott uns nicht nur vergibt, wenn wir Ihm unsere Sünden bekennen, sondern daß Er auch alle Schuld, die durch Sünde bewirkt wurde, von uns nimmt und uns damit wieder in den Stand der Gerechtigkeit bringt. Das bedeutet – ich bin gerecht vor Ihm. Weil Er mich gereinigt hat, muß ich mich nicht länger als ungerecht betrachten.

Wenn ich diese wunderbare Tatsache auf Grund dessen akzeptiere, was Gott in Seinem Wort gesagt hat, ist mein Gewissen gereinigt. Wie wir zuvor schon gesagt haben, reinigt der Herr mein Gewissen nicht direkt, sondern indirekt. Das bedeutet: indem ich weiß, daß Gerechtigkeit wiederhergestellt ist – weil Gott sagt, daß es so ist –, kann ich in meinem Herzen und in meinen Gedanken Frieden haben. Dietrich Bonhoeffer wehrte sich mit Recht gegen das, was er „billige Gnade" nannte. Wenn wir jedoch wissen, daß Gott uns nicht wegen Seiner großen Gnade vergibt, sondern weil Jesus unsere Sünden „an seinem Leib selbst an das Holz getragen hat", beginnen wir zu sehen, daß Gottes Gnade etwas sehr Kostbares ist. Mein Gewissen kann sich frei an der Vergebung erfreuen, weil ich weiß, daß ich nicht nur „billige Gnade" empfange.

„Christus hat uns losgekauft von dem Fluch des Gesetzes, indem er ein Fluch für uns geworden ist..." (Gal. 3,13). Als Jesus am Kreuz hing, nahm Er den Fluch des Gesetzes auf sich. Das Gesetz wurde nicht aufgelöst, sondern erfüllt. Wenn mir das bewußt ist, ist mein Gewissen – mein Gerechtigkeitsempfinden – zufriedengestellt. Laßt uns deshalb „hinzutreten mit wahrhaftigem Herzen in voller Gewißheit des Glaubens, die Herzen besprengt und damit gereinigt vom bösen Gewissen und den Leib gewaschen mit reinem Wasser" (Hebr. 10,22).

Kapitel 5: Den Verkläger überwinden

Wie ich im letzten Kapitel schon erwähnt habe, sind wir als Folge unserer Sünden mit drei Problemen konfrontiert. Über die ersten beiden haben wir bereits gesprochen. Nun wollen wir das dritte anschauen: „den Verkläger der Brüder". In Off. 12,10 erkennen wir, daß eine der Hauptstrategien Satans bei seinen Aktivitäten unter den Heiligen die Anklage ist. Doch Gott hat uns seinem Zugriff nicht hoffnungslos überlassen, denn in Vers 11 desselben Kapitels heißt es: „... sie haben ihn überwunden um des Blutes des Lammes und um des Wortes ihres Zeugnisses willen, und sie haben ihr Leben nicht geliebt bis zum Tod!"

Wir können den Bösen zuallererst auf Grund des vergossenen Blutes Jesu Christi überwinden. Wir haben schon erfahren, daß Satans Berechtigung, uns gefangenzuhalten, in der „uns entgegenstehenden Handschrift in Satzungen, die gegen uns war" (Kol. 2,14) bestand. Nicht der Teufel hat bewirkt, daß sie „gegen uns war", sondern das Gesetz Gottes. Die Satzungen des Gesetzes standen uns entgegen. Aber Dank sei Gott! Jesus hat sie „aus der Mitte weggenommen, indem er sie ans Kreuz nagelte". Nachdem das geschehen war, heißt es im nächsten Vers: „... als er die Gewalten und die Mächte völlig entwaffnet hatte, stellte er sie öffentlich bloß" (Vers 15). D.h. mit anderen Worten, daß diese Mächte mit der Liste meiner Übertretungen bewaffnet waren. Als jedoch Jesus Sein kostbares Blut vergossen hatte, war das Gesetz erfüllt, und das Hauptargument Satans, meines Verklägers, wurde gegenstandslos. Das ist der Grund, weshalb ich in der Lage bin, gegen den Ankläger aufzustehen. Und genau das muß ich tun.

Jesus trug meine Schuld am Kreuz. Doch wenn es dem Feind gelingt, meine Aufmerksamkeit von dieser Tatsache abzuziehen, kann er mich in Verdammnis und Furcht gebunden halten. Aus diesem Grund ist es wichtig, sich klarzumachen, daß wir nicht nur wegen des Blutes des Lammes überwinden, sondern auch wegen des Wortes unseres Zeugnisses. Satan wird von dem Blut des Lammes keine Notiz nehmen, wenn ich ihn nicht dazu zwinge. Wie tue ich das? Durch das Wort meines Zeugnisses. Was ist das Wort meines Zeugnisses? Es ist mein Bekenntnis über die Macht des Blutes des Lammes! Es reicht nicht aus, die Tatsache anzuerkennen, daß „das Blut Jesu, seines Sohnes, ... uns von jeder Sünde" reinigt (1. Joh. 1,7), sondern wir müssen lernen, diese Tatsache auszusprechen. Das können wir in aller Kühnheit dem Feind gegenüber tun, weil Gott gesagt hat, daß das Blut Jesu all das für uns bewirkt hat.

In der Liste der Waffenrüstung in Eph. 6 wird nur eine Waffe erwähnt und zwar „das Schwert des Geistes, das ist Gottes Wort" (Vers 17b). Damit ist hier das „rhema" oder das gesprochene Wort Gottes gemeint. Es ist Gottes Wort in meinem Mund, denn ich bin es, der spricht. Doch ich spreche nicht das aus, was ich möchte, fühle oder meine, sondern das Wort Gottes. Wenn Gott sagt, daß ich in Seinen Augen gerecht bin, kann ich es auch aussprechen, und indem ich das tue, wird mein Wort zum Schwert des Geistes.

„Die uns entgegenstehende Handschrift in Satzungen, die gegen uns war", ist weggenommen worden. Gott klagt mich nicht länger der Dinge an, die ich bekannt und hinter mir gelassen habe. Der Apostel Paulus stellte die erhellende Frage: „Wer wird gegen Gottes Auserwählte Anklage erheben? Gott ist es, der rechtfertigt" (Röm. 8,32). Gott wird mich nicht für gerecht erklären, sich dann umdrehen und mich verdammen. Wir verstehen also, wer hinter den gemeinen, verdammenden Anklagen steht. Es ist für uns höchst notwendig zu begreifen, daß Satan der Verkläger ist und Gott derjenige, der uns rechtfertigt. Paulus sagt sogar, daß Jesus niemals eine Anklage gegen uns erheben wird, weil

Er, indem Er für uns starb, bis zum Äußersten gegangen ist. Vielmehr sitzt Er zur Rechten Gottes und tritt für uns in Fürbitte vor dem Vater ein (auf diese Weise vertritt Er uns in der Verteidigung). Wer ist also für diese schrecklichen, bedrängenden Anklagen verantwortlich? Der Teufel selbst!

Alles, was wir gerade ausgeführt haben, sind Feststellungen, Tatsachen, die uns durch Gottes geschriebenes Wort offenbart worden sind. Nun möchte der Herr, daß ich sie ausspreche. Wenn ich anfange zu bezeugen, was Gott sagt, wird das geschriebene Wort zum gesprochenen Wort – zum Schwert des Geistes. Das einzige Schwert, das der Geist besitzt, ist das Wort des lebendigen Gottes. Wenn wir nicht aussprechen, was Gott sagt, dann hat der Geist Gottes kein Schwert. Wenn wir jedoch mutig das Wort bekennen, besonders bezüglich des Blutes, wird der Geist Gottes mein Bekenntnis als ein mächtiges Schwert benutzen. Das können wir nicht genug betonen, denn hier liegt ein Schlüssel für wachsenden Glauben und siegreiches Leben.

Einige haben diese Wahrheit mißbraucht und jegliche Balance verloren, so daß jetzt viele dahin tendieren, das Kind mit dem Bade auszuschütten. Genau das möchte der Feind erreichen. Der Kern der Sache bleibt, daß das Bekenntnis des Wortes Gottes eine mächtige Waffe gegen den Verkläger der Brüder ist.

Vielleicht ist es hilfreich, eine Schriftstelle aus dem Hebräerbrief anzuschauen. Hier zeigt uns Gott, was wir sprechen sollen. „Der Wandel sei ohne Geldliebe; begnügt euch mit dem, was vorhanden ist, denn er hat gesagt: Ich will dich nicht versäumen noch verlassen, so daß wir zuversichtlich sagen können: Der Herr ist mein Helfer, ich will mich nicht fürchten. Was soll mir ein Mensch tun?“ (Hebr. 13,5.6).

Aus diesen beiden Versen kann das Prinzip des Bekennens direkt abgeleitet werden – „Er hat gesagt ... so daß wir zuversichtlich sagen können! „Was immer Er gesagt hat, sind wir berechtigt, zuversichtlich auszusprechen. Er hat gesagt:

„Jedoch unsere Leiden – er hat sie getragen, und unsere Schmerzen – er hat sie auf sich geladen“, damit wir zuversichtlich bekennen können: „... durch seine Striemen ist uns Heilung geworden“ (Jes. 53,5). Er hat gesagt: „Christus hat uns losgekauft von dem Fluch des Gesetzes“, damit wir zuversichtlich bekennen können: „Ich habe den Segen Abrahams in Christus Jesus empfangen“ (Gal. 3,13.14). Diese Liste können wir noch lange fortsetzen. Alles was Gott wahr genannt hat, können auch wir kühn als Tatsache proklamieren.

Die Bedeutung des griechischen Wortes für „Bekenntnis“ ist eigentlich „etwas mit jemandem gemeinsam sagen“. Wir sagen einfach, was Gott gesagt hat. Alles was Er sagt, wollen wir mit Ihm zusammen bekennen. Wie erfahren wir, was Er sagt? Indem wir die Bibel lesen, studieren und betend über Sein Wort nachsinnnen. Wir wiederholen, was der Herr in Seinem Wort sagt.

Wenn Er gesagt hat, „... das Blut Jesu ... reinigt uns von jeder Sünde“ (1. Joh. 1,7), können wir zuversichtlich sagen: „Ich bin rein in der Gegenwart des Vaters!“ Hat Er nicht gesagt, „die uns entgegenstehende Handschrift in Satzungen, die gegen uns war...“ hat Er „aus der Mitte weggenommen, indem er sie ans Kreuz nagelte“ (Kol. 2,14.15)? Ja, gewiß! Aus diesem Grund können wir zuversichtlich ausrufen: „Meine Schuld ist bezahlt worden! Ich bin frei von jeder Schuld!“ Das Wort sagt, daß Er uns durch Sein Blut für sich selbst erkauft hat. Angesichts dieser Tatsache proklamiere ich mit Kühnheit: Ich bin „errettet aus der Herrschaft der Finsternis und versetzt in das Reich des Sohnes seiner Liebe“ (Kol. 1,14). Nicht wenige Christen werden wegen der Sünden und okkulten Praktiken ihrer Vorfahren ständig vom Feind belästigt. Welch befreiendes Licht leuchtet in ihre Herzen, wenn sie die Worte des Apostels Petrus lesen: „... ihr wißt, daß ihr nicht mit vergänglichen Dingen, mit Silber oder Gold, erlöst worden seid von eurem eitlen, von den Vätern überlieferten Wandel, sondern mit dem kostbaren Blut Christi..." (1. Ptr. 1,18.19)! Weil dies eine Proklamation Gottes ist, die Er selbst ausgesprochen hat, können wir mit Zuversicht jeder quälenden Furcht ins Gesicht sagen: „Ich bin freigesetzt durch das Blut des Lammes! Die Ketten der Vergangenheit sind für immer gebrochen, und nun bin ich frei!!!"

Nimm dir Zeit herauszufinden, was der Herr Jesus Christus durch Sein Werk am Kreuz getan hat. Und dann beginne, zuversichtlich auszusprechen, was Er gesagt hat.

Kapitel 6: Heilung – von Gott gewollt

Wir wollen nun das Thema Heilung in seiner Beziehung zu dem kostbaren Blut Jesu betrachten. Doch zuvor lassen Sie uns einen Blick darauf werfen, welchen Platz dieses Thema in dem umfassenden Plan Gottes einnimmt. Es gibt mit anderen Worten besondere biblische Gründe dafür, weshalb es der Wille Gottes ist, uns zu heilen. Der wichtigste besteht selbstverständlich darin, daß Jesus mit Seinem eigenen Blut den Preis für Heilung bezahlt hat.

Wie notwendig ist es eigentlich für uns, in dieser Angelegenheit den Willen Gottes zu kennen? Wir können keine Zuversicht im Gebet erlangen, wenn wir nicht sicher sind, ob Gott in unserem persönlichen Fall heilen will oder nicht. Doch wir dürfen uns freuen. Gott hat uns nicht im dunkeln gelassen, sondern durch Sein Wort Licht geschenkt, so daß wir wissen können, was Sein Wille bezüglich Heilung ist. Wenn man die Frage stellt, ob Gott die Kranken heilen möchte, wird man viele verschiedene Antworten erhalten. Einige mögen die Ansicht vertreten, es sei nach dem Zeitalter der Apostel nicht mehr im Sinne Gottes zu heilen, und diese Dinge seien mit den Aposteln zum Abschluß gekommen. Andere werden sagen, daß Gott souverän ist – was gewiß stimmt – und tut, was Er will. Wieder andere werden der Meinung sein, daß Heilung meistens, aber nicht immer dem Willen Gottes entspricht.

Wenn ich jedoch nicht sicher weiß, daß Heilung das Verlangen des Vaters für jeden Menschen ist, kann es dem Feind gelingen, mich zu täuschen. Er wird sagen: Auch wenn Gott Seine Kinder in den meisten Fällen heilen möchte, ist es doch in deinem Fall anders. Du sollst deine Krankheit zu Seiner Ehre tragen. Aus diesem Grund dürfen wir nicht „töricht" sein, sondern müssen verstehen, „was der Wille des Herrn ist" (Eph. 5,17).

Sein Name ist JEHOVA RAPHA

Es gibt im Wort Gottes mindestens fünf Beweise dafür, daß Heilung die Freude des Vaters ist. Wir werden uns in diesem Kapitel mit vier von diesen Beweisen beschäftigen, im darauffolgenden mit dem fünften.

Der beste Ausgangspunkt ist die Betrachtung des Wesens Gottes. Einer Seiner Erlösungsnamen ist Jehova Rapha, „der Herr, der heilt". Dieser Name „Gott der Arzt" weist darauf hin, daß es Seine Natur ist zu heilen. „... und er sprach: Wenn du willig auf die Stimme des Herrn, deines Gottes, hörst und tust, was in seinen Augen recht ist, seinen Geboten gehorchst und all seine Ordnungen hältst, dann werde ich dir keine der Krankheiten auferlegen, die ich den Ägyptern auferlegt habe; denn ich bin der Herr, der dich heilt" (2. Mo. 15,26). Die Namen Gottes offenbaren, wer Er ist. Gott heilt die Kranken, weil es Seinem Wesen entspricht. Für Ihn ist es ganz natürlich zu heilen, weil Er der Herr ist, der heilt. Wenn Gott heilt, handelt Er Seiner Natur gemäß. Ich denke, diese Tatsache allein könnte schon eine ausreichende Basis für den Glauben sein, daß es immer Gottes Wille ist, die Leidenden zu heilen.

Hier sollte ich allerdings einfügen, daß es auch Zeiten gibt, in denen Krankheit ein unmittelbares Ergebnis von Ungehorsam oder Rebellion ist. Dann benutzt Gott Krankheit, um an uns zu arbeiten. Dabei bleibt es jedoch Sein Wunsch, daß wir unsere Lektion lernen, Dinge in Ordnung bringen und gesund werden. Es ist z.B. bekannt, daß viele Krankheiten durch Haß und Bitterkeit entstehen. Gott möchte nun ohne Zweifel, daß solche Menschen ihren Haß aufgeben, damit sie seelische und körperliche Heilung erfahren können. Denn Er ist der Herr, der heilt.

Die Verheißung des Alten Bundes

„Und ihr sollt dem Herrn, eurem Gott dienen: so wird er dein Brot und dein Wasser segnen, und ich werde alle Krankheit aus deiner Mitte entfernen“ (2. Mo. 23,25). Dieser Vers zeigt uns, daß Heilung sogar im Alten Testament zum „Brot der Kinder“ (Mt. 15,26) gehörte. Wie wir wissen, hatte das auch König David erkannt, denn er sagte: „Preise den Herrn, meine Seele, und vergiß nicht alle seine Wohltaten! Der da vergibt alle deine Sünde, der da heilt alle deine Krankheiten“ (Ps. 103,2.3). Heilung war also ganz entschieden eine Segnung des Bundes, den Gott mit Seinem Volk Israel geschlossen hatte. Er versicherte ihnen, daß, wenn sie auf Seine Stimme hören und Seinen Geboten gehorchen würden, Er ihnen keine „der Krankheiten auferlegen“ würde, die Er „den Ägyptern auferlegt“ hatte (2. Mo. 15,26). Der Schreiber des Hebräerbriefes nimmt darüberhinaus in Anspruch, daß wir Teilhaber eines besseren Bundes mit besseren Verheißungen geworden sind. „Jetzt aber hat er einen vortrefflicheren Dienst erlangt, wie er auch Mittler eines besseren Bundes ist, der aufgrund besserer Verheißungen gestiftet worden ist“ (Hebr. 8,6). Preis und Dank sei Gott für den besseren Bund!

Jesus – das fleischgewordene Wort

Im Johannesevangelium wird Jesus das Wort Gottes genannt. „Und das Wort wurde Fleisch und wohnte unter uns, und wir haben seine Herrlichkeit angeschaut, eine Herrlichkeit als eines Eingeborenen vom Vater, voller Gnade und Wahrheit“ (Joh. 1,14). JESUS ist das „logos“ Gottes. Das bedeutet, Er ist der personifizierte Wille des Vaters. Wenn Sie wissen möchten, was der Vater über bestimmte Bereiche denkt, müssen Sie nur Jesus anschauen, und Sie werden die Gesinnung Ihres himmlischen Vaters erkennen. Die Bedeutung des Wortes „logos“ ist „Gesinnung“, „Verstand“. Von diesem Wort haben wir z.B. den Begriff „logisch“ abgeleitet. Auch die Nachsilbe „-logie, wie etwa bei Theologie, „Lehre von Gott“ (was sie allerdings nur sehr selten wirklich ist), stammt vom griechischen Wort „logos“ ab. Wir könnten also sagen, daß Sie einfach Jesus anschauen müssen, wenn Sie Gott erforschen und kennenlernen wollen. Er ist der geoffenbarte Wille des Vaters. Jesus sagte zu Philippus: „Wer mich gesehen hat, hat den Vater gesehen“ (Joh. 14,9).

Obwohl Jesus der Sohn Gottes war, handelte Er niemals aus Sich selbst oder aus Seinem eigenen Willen heraus. Er beanspruchte, gekommen zu sein, um den Willen Seines Vaters zu tun. Zu Seinen Jüngern sagte Er ausdrücklich: „Meine Speise ist, daß ich den Willen dessen tue, der mich gesandt hat, und sein Werk vollbringe“ (Joh. 4,34). Bei einer anderen Gelegenheit offenbarte der Meister: „Ich kann nichts von mir selbst tun; so wie ich höre, richte ich, und mein Gericht ist gerecht, denn ich suche nicht meinen Willen, sondern den Willen dessen, der mich gesandt hat“ (Joh. 5, 30). Als Jesus über diese Erde ging, tat Er nichts nach eigenem Vorsatz, sondern führte immer den Willen dessen aus, der Ihn gesandt hatte. Wir denken vielleicht, daß der HERR JESUS tun konnte, was Er wollte; doch Er kam, um die „Werke Gottes“ zu tun. Jede Handlung Jesu läßt uns den Willen des Vaters erkennen, denn Er schaute auf den Vater und war Ihm gehorsam „weil ich allezeit das ihm Wohlgefällige tue“ (Joh. 8,29). Da Jesus immer den Willen Gottes ausführte, laßt uns Ihn betrachten. Sein Wirken ist für mich der überzeugendste Beweis für den Heilungswillen Gottes.

Nachdem Jesus die Lehre über das, was wir „die Bergpredigt“ nennen, beendet hatte, kam ein Aussätziger zu Ihm und sprach: „Herr, wenn du willst, kannst du mich reinigen.“ Sofort antwortete ihm Jesus: „Ich will“, und er wurde vom Aussatz gereinigt. Wie viele von uns war auch dieser Mann sicher, daß Jesus heilen konnte. Seine Frage war: „Willst du?“ Und ohne das geringste Zögern antwortete der Sohn Gottes: „Ich will!“

Diese Begebenheit ist nur die erste einer ganzen Reihe von Begegnungen, die uns jedes Mal die Bereitschaft Jesu, Kranke zu heilen, in wunderbarer Weise demonstrieren.

Unmittelbar nach der Reinigung des Aussätzigen berichtet uns Matthäus von einer anderen Situation. Dort sehen wir, wie Jesus mit einem gewissen Hauptmann zusammentrifft, dessen Diener krank zu Hause liegt. Sobald Er davon hört, antwortet Er: „Ich will kommen und ihn heilen“ (Mt. 8,2-7). Jesus zögerte keinen Augenblick, sondern zeigte dem Mann einfach Seine Bereitwilligkeit, hinzugehen und seinen Diener zu heilen, obwohl er nicht einmal aus dem Haus Israel stammte. Danach begab Er sich mit den anderen Jüngern zum Haus des Petrus, wo Er dessen fieberkranke Schwiegermutter vorfand. Und wieder sehen wir, wie der Meister den Willen dessen tut, der Ihn gesandt hat. Jesus widerstand dem Fieber, und sie war von ihrer Krankheit geheilt. Während der Herr noch weiter im Haus des Petrus blieb, wurden an demselben Abend viele Kranke zu Ihm gebracht, „...und er trieb die Geister aus mit einem Wort, und er heilte alle Leidenden...“ (Mt. 8,14-16). Wir sehen also, daß Jesus immer wieder die Kranken heilte. Das 8. Kapitel des Matthäusevangeliums endet damit, daß der Herr Dämonen aus einem Mann austreibt. Ebenso berichtet das 9. Kapitel von fünf ausgesprochenen Heilungswundern und schließt damit, daß Jesus in alle Dörfer und Städte geht, das Evangelium predigt und die Kranken heilt. Jesus verhielt sich kranken Menschen gegenüber immer so, daß Er hinging und sie heilte. Er äußerte niemals, daß Krankheit ein „Kreuz“ sei, das man einfach tragen müsse. Das einzige Mal, wo Er es ablehnte zu heilen, war im Fall der Syrophönizierin. Er begründete Seine Weigerung ihr gegenüber damit, daß sie nicht zum Hause Israel gehöre und sagte ihr, daß Seine Zeit für die Heiden noch nicht gekommen sei. Doch diese Frau blieb beharrlich in ihrem Glauben, bis Jesus sie schließlich trotzdem heilte (Mt. 15,21-28).

Der Herr betrachtete Krankheit keineswegs als Segen, sondern als Fluch. So berichtet Petrus von Ihm, daß Er „...umherging und wohltat und alle heilte, die von dem

Teufel überwältigt waren..." (Apg. 10,38). An anderer Stelle wird uns berichtet, daß der Sohn Gottes die Frage stellt: „Ist es erlaubt, am Sabbat Gutes zu tun?" (Mk. 3,4). Sie zeigt mir, daß Er Heilung und nicht Krankheit als gut ansah. Jesus spricht nur in einem Zusammenhang davon, daß eine Krankheit der Verherrlichung Gottes dient. Diese Aussage wird jedoch völlig mißverstanden, wenn man sie isoliert betrachtet; denn wie aus dem Kontext hervorgeht, wurde Gott nicht durch die Krankheit des Mannes verherrlicht, sondern durch dessen Heilung (Joh. 9). Nur Heilung brachte Gott jeweils Ehre. Ich glaube, man kann daraus mit Gewißheit den Schluß ziehen, daß es immer noch Gottes Wunsch und Interesse ist, Menschen zu heilen, die krank und vom Teufel bedrängt sind. Jesus heilte jeden, der im Glauben zu Ihm kam, und Jesus Christus ist derselbe gestern, heute und in Ewigkeit.

Jesu Auftrag an Seine Jünger

Als viertes bestätigt mir der Auftrag Jesu an Seine Jünger, daß es Gottes Wille ist, die Kranken zu heilen. Jesus predigte „das Evangelium vom Reich Gottes" und offenbarte dieses Königreich dann sichtbar, indem Er Kranke heilte und Dämonen austrieb (Mt. 4,24). Denselben Auftrag gab Er Seinen Jüngern, wenn Er sie von Zeit zu Zeit zu kurzen Missionseinsätzen aussandte: „Wenn ihr aber hingeht, predigt und sprecht: Das Reich der Himmel ist nahe gekommen. Heilt Kranke, weckt Tote auf, reinigt Aussätzige, treibt Dämonen aus! Umsonst habt ihr empfangen, umsonst gebt" (Mt. 10,7). Die Heilung der Kranken ist ein Teil der guten Botschaft vom Königreich. So lesen wir an verschiedenen Stellen, daß der Meister Seinen Jüngern Vollmacht gab, Kranke zu heilen und Dämonen auszutreiben (Lk. 9,1.2; 10,1-9.17-19; Mt. 10,1).

Diese machtvolle Verbindung der Predigt vom Königreich mit dessen Offenbarung in Kraft finden wir ebenso im Missionsbefehl. Dort wird den Nachfolgern des Herrn befohlen, das Evangelium zu predigen und Herrschaft über die Werke des Teufels – einschließlich Krankheit – auszuüben. „Geht hin in die ganze Welt und predigt das Evangelium der ganzen Schöpfung... Diese Zeichen aber werden denen folgen, die glauben: In meinem Namen werden sie Dämonen austreiben ... Schwachen werden sie die Hände auflegen, und sie werden sich wohl befinden" (Mk. 16,15f.). Preis dem Herrn, genau das taten die Apostel! In Apg. 3 wird von dem Wunder an einem Lahmgeborenen berichtet. Obwohl Lukas nicht oft auf einzelne Heilungen eingeht, wurden dennoch viele Menschen geheilt. Im 5. Kapitel heißt es nämlich, daß der Herr „außerordentliche" Zeichen und Wunder tat. Manche Leute trugen ihre Kranken sogar auf die Straße, damit sie beim Vorübergehen des Petrus durch dessen Schatten geheilt würden. Selbst aus den Dörfern und Städten der Umgebung brachte man Kranke und von bösen Geistern Besessene, „die alle geheilt wurden" (Apg. 5,12-16). Damit aber niemand meint, dies sei nur auf die Apostel beschränkt gewesen, führt uns der Heilige Geist Philippus, einen Diener der Gemeinde, vor Augen. Auch er verkündigte das Königreich Gottes, heilte Kranke und trieb Dämonen aus (Apg. 8,4-7).

Wenn wir noch einmal in den Jakobusbrief schauen, sehen wir, daß der Missionsbefehl Jesu durch die Lehre der Apostel in die Tat umgesetzt wurde. „Ist jemand krank unter euch?" Die Zuhörer sollten Krankheit nicht als ihr Kreuz tragen. Nein, sie wurden vielmehr gelehrt, die Ältesten der Gemeinde kommen und das Gebet des Glaubens sprechen zu lassen. „Und das Gebet des Glaubens wird den Kranken retten, und der Herr wird ihn aufrichten..." (Jak. 5,14.15).

Wir sehen hier die Gemeindepraxis des ersten Jahrhunderts, die auch die unsrige sein sollte. Sie glaubten ganz offensichtlich, daß Jesus die Kranken tatsächlich heilen würde, denn Er hatte sie ja schließlich aufgefordert, für sie zu beten.

Kapitel 7: Durch Seine Striemen...

Wir haben bisher gesehen, wie Heilung zum Namen und Wesen Gottes selbst gehört. Ebenso haben wir erkannt, daß Heilung ein Teil des Bundes ist, den Gott mit Israel geschlossen hat, und daß wir Teilhaber eines besseren Bundes sind. Wir haben Jesus angeschaut, das fleischgewordene Wort Gottes, „der umherging und wohltat und alle heilte, die von dem Teufel überwältigt waren..." (Apg. 10,38). Schließlich sahen wir die frühen Christen, die für die Kranken beteten, wie Jesus ihnen befohlen hatte.

Für mich ist jedoch der gewichtigste Beweis dafür, daß Gott heilen will, die Tatsache, daß Jesus selbst Heilung mit Seinem eigenen Blut erkauft hat. Das macht die Heilung unseres Leibes für mich zu weit mehr als nur zu einem untergeordneten Thema. Wenn Er unseretwegen derart gelitten hat, damit wir durch Seine Striemen Heilung empfangen könnten, dann ist es in den Augen Gottes gewiß kein nebensächliches Thema. Hier liegt der Eckstein des Glaubens; denn wenn Jesus durch die Schläge, die Er aus den Händen der römischen Soldaten empfing, für mich schon Heilung erworben hat, dann gehört Heilung bereits mir. Wir wollen uns nun im folgenden Kapitel weiter mit diesem Thema beschäftigen.

Wie ich bereits im letzten Kapitel ausgeführt habe, ist die Tatsache, daß Jesus Heilung mit Seinem Blut erkauft hat, der stärkste Beweis dafür, daß Gott heilen will. Heilung ist ein Teil unserer Erlösung.

Das Wort für „Errettung" ist in der griechischen Sprache ein vielumfassender Begriff. „Soteria" kann Verschiedenes bedeuten und wird sehr unterschiedlich übersetzt. Im Neuen Testament bedeutet dieses Wort Errettung in jeder Weise. In Apg. 7,25 wie auch an anderen Stellen des Neuen Testamentes bezeichnet es physischen Schutz und Befreiung aus Gefahr. In manchen Zusammenhängen wird es auch mit Heilung übersetzt oder schließt sie ein (Mt. 9,22; Mk. 5,34; Lk. 8,48). Die klassische Bedeutung des Verbs „sozo“ war heilen, gesund oder ganz machen, bewahren und vom Tod erretten. Als das Neue Testament geschrieben wurde, erfuhr dieses Wort eine Bedeutungserweiterung, um auszudrücken, daß wir von allen Folgen der Sünde erlöst sind und uns ewiges Leben geschenkt worden ist. Die neutestamentlichen Schreiber heben jedoch die ursprüngliche Bedeutung des Wortes nicht auf, sie fügen vielmehr die sich auf das ewige Leben beziehende letzte Bedeutungserweiterung einfach hinzu. Als Jesus kam, um „sein Volk ... von seinen Sünden“ zu erretten (Mt. 1,21), war damit die Erlösung von den Auswirkungen der Sünde gemeint. Sünde ist eine zerstörerische Macht. Jesus Christus, das lebendige Wort, wurde vom Thron Gottes ausgesandt, um die Menschen zu heilen und „aus ihren Gruben“ zu erretten (Ps. 107,20). Jesus ist gekommen, um uns aus dem Gefängnis des Todes zu befreien und uns von allen satanischen Werken der Bedrückung freizusetzen. Zuletzt werden wir aus dem Grab auferstehen, um ewig beim Herrn zu sein. Doch schon jetzt dürfen wir uns an der Errettung von der Zerstörung, die durch Sünde geschieht, erfreuen.

Wie ich schon gesagt habe, ist es für unser Verständnis sehr hilfreich, wenn wir jeweils den Kontext betrachten, in dem die Worte „sozo“ oder „soteria“ im Neuen Testament verwendet werden. In Apg. 4,12 wird das Wort z.B. mit „Heil“ übersetzt, obwohl der Zusammenhang deutlich werden läßt, daß es um die Heilung des Lahmgeborenen an der Schönen Pforte geht. „Und es ist in keinem anderen das Heil; denn auch kein anderer Name unter dem Himmel ist den Menschen gegeben, in dem wir errettet werden müssen.“ Vers 10 stellt den Bezug offener her: „Im Namen Jesu Christi, des Nazoräers, den ihr gekreuzigt habt, den Gott auferweckt hat von den Toten – in diesem Namen steht dieser gesund vor euch." So kann man auf Grund des biblischen Kontextes und der ursprünglichen Wortbedeutung die Botschaft von Petrus an die religiösen Leiter ohne Schwierigkeit folgendermaßen übersetzen: „Und es ist in keinem anderen Gesundheit; denn auch kein anderer Name unter dem Himmel ist den Menschen gegeben, in dem wir geheilt werden müssen." In seiner Aussage hat Petrus die Heilung dieses Mannes in das Erlösungswerk, das Jesus am Kreuz vollbracht hat, eingeschlossen.

Vergebung und Heilung – ein Werk

In Ps. 103 bestätigt David unter der Salbung des Heiligen Geistes, daß Heilung und Vergebung in einem Werk der Gnade miteinander verbunden sind. Er sagt dort: „Preise den Herrn, meine Seele, ... der da vergibt alle deine Sünde, der da heilt alle deine Krankheiten."

Er, der unsere Sünden getragen hat, hat auch unsere Krankheiten getragen. Das 53. Kapitel der Prophetie Jesajas, auf das im Neuen Testament dreimal Bezug genommen wird, offenbart, daß Jesus, das Lamm Gottes, unsere Sünden, unsere Schuld und unsere Krankheiten getragen hat. Er war es, „der unsere Sünden an seinem Leib selbst an das Holz hinaufgetragen hat", und durch Seine Striemen sind wir geheilt worden (1. Ptr. 2,24). In seinem Buch „Jesus heilt die Kranken" bezeichnet Andrew Murray Jes. 53 als „das fünfte Evangelium". „Das Wort tragen kommt in diesem 53. Kapitel in Verbindung mit zwei verschiedenen Begriffen vor. In Vers 12 heißt es von dem Knecht des Herrn: Er trug unsere Sünden, im Vers 4 aber: Er trug unsere Krankheit. Das Tragen unserer Krankheiten ist also ein ebenso untrennbarer Bestandteil des Erlösungswerkes wie das Tragen unserer Sünden. Obwohl Er selbst ohne Sünde war, hat Er doch unsere Sünden getragen. Dasselbe gilt in bezug auf unsere Krankheiten." Jesus war niemals krank und trug dennoch unter den römischen Geißelhieben jede nur denkbare Krankheit, jedes nur denkbare Leiden.

Als Jesus einmal im Haus des Petrus zu Besuch war, lag dessen Schwiegermutter fieberkrank im Bett. Jesus rührte sie an, und sie war geheilt. Dann berichtet Matthäus: „Als es aber Abend geworden war, brachten sie viele Besessene zu ihm; und er trieb die Geister aus mit einem Wort, und *er heilte alle Leidenden*" (Mt. 8,16 – Hervorhebung durch den Verfasser). Ich frage oft Leute, warum Jesus diese Menschen wohl geheilt hat. Einige sagen, Er tat es aus Mitleid und aus Liebe. Andere meinen, es sei geschehen, um zu beweisen, daß Er der Sohn Gottes ist. Die Bibel macht jedoch ganz deutlich, weshalb Jesus die Kranken heilte. Bei Matthäus heißt es nämlich einfach: „... damit erfüllt würde, was durch den Propheten Jesaja geredet ist, der spricht: Er selbst nahm unsere Schwachheiten und trug unsere Krankheiten" (Mt. 8,17). Jesus brachte den Bedrängten im Hinblick auf Sein Erlösungswerk sowohl Heilung als auch Vergebung der Sünden.

In Mk. 2 lesen wir von einem Gelähmten, dessen Freunde ihn durch das Dach eines Hauses herabließen, in dem Jesus gerade lehrte. Als Jesus den Glauben des Kranken sah, sagte er: „Kind, deine Sünden sind vergeben." Die Schriftgelehrten störten sich jedoch an diesen Worten und fragten einander: „Was redet dieser so? Er lästert. Wer kann Sünden vergeben außer einem, Gott?" Hier offenbart nun Jesus, daß die Heilung unseres Leibes und die Vergebung von Sünden zusammengehören. Er sagt: „Damit ihr aber wißt, daß der Sohn des Menschen Vollmacht hat, auf der Erde Sünden zu vergeben – spricht er zu dem Gelähmten: Ich sage dir, steh auf, nimm dein Bett auf und geh in dein Haus!" (Mk. 2,1-13).

Jesus wurde durch die Hände der römischen Soldaten für unsere Heilung zerschlagen. Das Blut des Sohnes Gottes floß heraus, als Sein Rücken von den mit Eisen verstärkten Geißeln zerissen wurde. Das alles geschah, um Heilung für uns zu erwirken. „Durch seine Striemen ist uns Heilung geworden."

Der Fluch des Gesetzes

Wir haben schon gesehen, daß wir vom Fluch des Gesetzes befreit sind, weil Jesus an unserer Statt zum Fluch geworden ist (Gal. 3,13). Wir sollten uns aber auch klarmachen, daß Krankheit gemäß 5. Mo. 28 ein Teil des Fluches ist. In diesem ernüchternden Kapitel wird jeder nur denkbare Fluch als Erbteil derer aufgeführt, die gegen Gottes Gesetze rebellieren. Neben vielen anderen Dingen werden mehrere Arten von schrecklichen Krankheiten genannt. Dank sei Gott! Er hat uns von dem furchtbaren, unausweichlichen Fluch des Gesetzes erlöst.

Christus, unser Passahlamm, ist geschlachtet worden

Nachdem Gott als Vorbereitung für die Befreiung Seines Volkes die ägyptischen Götter gerichtet hatte, wurde die letzte Plage angekündigt – der Tod jeder Erstgeburt von Mensch und Tier in Ägypten. Diese Plage sollte Pharao das Rückgrat brechen und ihn zwingen, Israel gehen zu lassen. Der Herr kündigte Seine Strategie an: „Um Mitternacht will ich ausgehen und mitten durch Ägypten schreiten. Dann wird alle Erstgeburt im Land Ägypten sterben, von dem Erstgeborenen des Pharao, der auf seinem Thron sitzt, bis zum Erstgeborenen der Sklavin hinter der Handmühle, sowie alle Erstgeburt des Viehs" (2. Mo. 11,4.5). Gott sagte auch, daß es ein großes Jammergeschrei in Ägypten geben werde, „wie es noch keines gegeben hat und es auch keines mehr geben wird" (Vers 6). Das klingt seltsam bekannt, denn im Neuen Testament sagte Jesus, daß „große Drangsal sein (wird), wie sie von Anfang der Welt bis jetzt nicht gewesen ist noch je sein wird" (Mt. 24,21). Im Land der Ägypter herrschten Trauer und Klage, während sich das Volk Gottes der Bewahrung und des Schutzes Seines Gottes erfreuen durfte. „Aber gegen keinen von den Söhnen Israel wird auch nur ein Hund seine Zunge spitzen, vom Menschen bis zum Vieh, damit ihr erkennt, *daß der Herr einen Unterschied macht zwischen den Ägyptern und den Israeliten*" (2. Mo. 11,7 – Hervorhebung des Verfassers). Sie werden ebenso wie ich bemerken, daß der Herr uns deutlich zu verstehen geben will, daß Er zwischen Ägypten und Israel einen Unterschied machte und auch, wie das geschah. Damit beschäftigen sich die darauffolgenden Verse im zweiten Buch Mose (2. Mo. 12,2 ff.). „Und der Herr sprach zu Mose und Aaron im Land Ägypten ... Redet zur ganzen Gemeinde Israel und sagt ... nehmt euch ein jeder ein Lamm für ein Vaterhaus, je ein Lamm für das Haus!" Sie sollen das Lamm mit bitteren Kräutern essen, aber „sie sollen von dem Blut nehmen und es an die beiden Türpfosten und die Oberschwelle streichen an den Häusern, in denen sie es essen." Dann sagte Gott, Er wolle durch ganz Ägypten gehen und die Erstgeburt von Mensch und Tier töten, um auf diese Weise Sein Strafgericht an allen Göttern Ägyptens zu vollstrecken. Der Unterschied zwischen den Ägyptern und Seinem Bundesvolk sollte jedoch folgendermaßen hervortreten: „... das Blut soll für euch zum Zeichen an den Häusern werden, in denen ihr seid. Und wenn ich das Blut sehe, dann werde ich an euch vorübergehen: So wird keine Plage, die Verderben bringt, unter euch sein, wenn ich das Land Ägypten schlage" (2. Mo. 12,1.3.7.12.13). Der Unterschied wurde also durch das Blut des Lammes bewirkt, ebenso wie es heute durch das Blut des fleckenlosen Lammes Jesus geschieht. Auf Grund des Blutes Christi sind wir abgesondert und geschützt durch „Gottes Kraft zum Heil".

Der Text aus Mt. 24, den wir bereits betrachtet haben, wird sehr unterschiedlich ausgelegt. Manche haben den Eindruck, daß wir als Gemeinde ganz gewiß durch „die große Trübsal" gehen werden. Andere, meine Person eingeschlossen, glauben nicht, daß es so geschehen wird. Wie auch immer es sein wird – keiner weiß es genau. Eins aber weiß ich: wir werden abgesondert sein. Entweder wird Gott uns schützen, indem Er uns von der Erde wegnimmt, oder indem Er uns auf der Erde vor allem Schaden bewahrt. Die Tatsache, daß Gott einen Unterschied macht zwischen der Welt und dem Volk, das bei Seinem Namen gerufen ist, bleibt bestehen. Das Blut hat auch heute noch dieselbe unterscheidende Kraft. Paulus sagte: „Denn auch unser Passah, Christus, ist geschlachtet" (1. Kor.5,7).

In Röm. 5,9 wird uns gesagt: „Vielmehr nun, da wir jetzt durch sein Blut gerechtfertigt sind, werden wir durch ihn vom Zorn gerettet werden." Die Schlachter-Übersetzung gibt das Wort Zorn mit „Zorngericht" wieder. Damit verweist es uns nicht nur auf den zukünftigen Zorn – das ewige Gericht –, sondern auch auf die Gerichte, die jetzt bereits auf der Erde zu sehen sind. Heute gibt es Krankheiten, die in der Geschichte der Medizin völlig neu sind. Viele glauben, daß diese und andere katastrophale Erscheinungen Zeichen der Gerichte Gottes sind. Doch der Apostel Paulus hat uns gelehrt, daß das Blut eine Unterscheidung schafft.

Ebenso wie die Kinder Israel durch das Blut an den Türpfosten ihrer Häuser geschützt waren, so sind auch wir geschützt. In unserem Fall sieht Gott nicht das Blut von Tieren, sondern das unbezahlbare Blut Seines kostbaren Sohnes. „Durch Glauben hat er das Passah gefeiert und die Blutbestreichung ausgeführt, damit der Verderber der Erstgeburt sie nicht antastete" (Hebr. 11,28). Auch wir beanspruchen durch das Blut Jesu den Schutz des neuen Bundes, damit uns der Zerstörer nicht antasten kann. Im Glauben proklamieren wir, daß das Blut Jesu auf den Türpfosten unseres Hauses ist, daß wir abgesondert sind und vor allen schmerzvollen und verderbenbringenden Dingen bewahrt bleiben, die in unseren Tagen über diese Erde kommen.

Der Preis, den Jesus für unsere Erlösung bezahlt hat, war das Blut Seines eigenen Lebens. Er hat uns nicht nur von der

Sünde befreit, sondern auch von den zerstörerischen Konsequenzen der Sünde, wozu Krankheit und Leiden ganz gewiß gehören.

Kapitel 8: Ein Volk, das Gott gehört

Wenn über Erlösung gelehrt wird, steht meistens der einzelne Mensch im Blickpunkt, doch gibt es auch einen Aspekt der Erlösung, der sich auf eine über den einzelnen hinausgehende Gemeinschaft von Menschen bezieht. Gott hat sich nicht nur vorgenommen, viele einzelne zu erretten, sondern ein ganzes Volk zu haben, das Ihm gehört.

Es ist interessant festzustellen, daß Gott sich in Seinem Handeln mit der Menschheit bis zum Zeitalter Abrahams im wesentlichen einzelnen Menschen zugewandt hatte. Als Er jedoch Abraham rief, offenbarte Er uns Seinen Plan, sich selbst ein Volk zum Eigentum zu schaffen. „Und der Herr sprach zu Abram: Geh aus deinem Land und aus deiner Verwandtschaft und aus dem Haus deines Vaters in das Land, das ich dir zeigen werde! Und ich will dich zu einer großen Nation machen und will dich segnen, und ich will deinen Namen groß machen, und du sollst ein Segen sein!“ (1. Mo. 12,1.2). Erst im Neuen Testament verstehen wir deutlich, daß es schon seit „Grundlegung der Welt“ Gottes Verlangen war, ein Volk zu haben. Hier in 1. Mo. 12 dürfen wir ein kleines Stück Seines ewigen Vorhabens sehen.

Wie wir wissen, schenkte Gott Abraham einen Sohn. Diesem Sohn Isaak wurde Jakob geboren, dem der Herr später den Namen Israel gab. Die 12 Söhne Israels wiederum wurden die Stammväter der 12 Stämme Israels. Das war der Anfang einer Nation. Obwohl Gott Seiner Verheißung entsprechend Abraham zu einem Volk machte, wird deutlich, daß Er es erst dann als Sein Volk betrachtete, nachdem die Zeit der Befreiung Israels aus der ägyptischen Gefangenschaft gekommen war. Als der Herr Mose im brennenden Dornbusch erschien, nannte Er es zum ersten Mal „mein Volk“. „Der Herr aber sprach: Gesehen habe ich das Elend meines Volkes in Ägypten..." (2. Mo. 3,7). Mit der Berufung Abrahams hatte Gott dessen Nachkommen zu Seinem Volk erwählt, doch erst das Blut der Erlösung versiegelte es als Sein Eigentum.

Sie werden schon bemerkt haben, daß die Geschichte der Errettung Israels vom Zeitalter des Pharao an ein Gleichnis ist – nicht so sehr ein Gleichnis von der Befreiung eines einzelnen Menschen, als vielmehr von der Freisetzung eines Volkes, das Gott sich erwählt hatte. Der Vater hatte Verlangen danach, Seine Gerechtigkeit und Weisheit auf der ganzen Erde durch Sein Volk zu offenbaren. Gott liebt uns und hat Erbarmen mit uns, weil Er sieht, wie wir uns unter dem Zuchtmeister Satan abarbeiten. Bei unserer Befreiung von der Knechtschaft der Sünde hatte Er jedoch viel mehr vor, als bloß die Beseitigung unserer persönlichen Nöte. Er hat große Pläne mit Seinem Volk.

Gott beauftragte Mose, zum Pharao zu gehen und ihm zu sagen: „So spricht der Herr: Laß mein Volk ziehen, damit sie mir dienen!" (2. Mo. 7,26). Der Herr Jesus hat uns aus der Gewalt der Finsternis befreit, damit wir Ihm dienen sollen. In manchen christlichen Kreisen sagt man: „Errettet, um zu dienen". Man meint damit, daß wir mit dem Ziel errettet werden, um uns von Gott zur Errettung anderer gebrauchen zu lassen. Das stimmt natürlich nicht. Der Leiter des Glaubenszentrums sagt den Bibelschülern immer wieder, daß wir nicht errettet worden sind, um für Gott zu arbeiten, sondern um Ihn zu kennen und zu lieben. Unser Bibelvers spricht nun aber ausdrücklich davon, daß Gott Israel befreit sehen wollte, „... damit sie mir dienen." Ich denke, wir können das ganze besser verstehen, wenn wir wissen, was Gott mit „dienen" meint. Jemandem dienen heißt, ihm zur Verfügung stehen, seinen Absichten dienen. In diesem Sinne sind wir „errettet, um zu dienen". Gott hat uns nicht aus der schlammigen Grube gezogen, damit wir einfach draußen sind, sondern damit wir das vollbringen können, wozu wir ursprünglich bestimmt waren. Der Vater möchte nicht, daß wir einfach unser Leben leben, sondern daß wir Seine Absichten im Herzen tragen.

Wenn ich die Weissagungen Jakobs und Josephs in den letzten Kapiteln des ersten Mosebuches lese, frage ich mich manchmal, was wohl in den Köpfen der Empfänger dieser Botschaften vor sich gegangen sein mag. Beide prophezeiten, daß Gott das Volk Israel nach Kanaan zurückführen werde. Doch gab es für Israel eigentlich irgendeine Motivation, nach Kanaan zurückzukehren? Ihnen ging es gut in Ägypten! Der Herr hatte die Kinder Israel nach Ägypten gebracht, um sie zu bewahren. Er hatte ihnen aus einer Notlage geholfen, und sie durften wegen der herausragenden Position Josephs sogar im besten Teil des Landes wohnen. Doch dann rief Gott dieses Volk, um es in Seine Wege und Ziele hineinzuführen. Er wollte sie in ihr Erbteil, in das Land Kanaan, zurückbringen. Ich glaube nicht, daß sie willig waren aufzubrechen. Deshalb mußte Gott sie in Bewegung setzen, und Er tat das folgendermaßen: Ohne direkt eine Verfolgung auszulösen, ließ er einfach zu, daß sich die Ägypter wie Ägypter verhielten. Daraufhin fingen sie an, das auserwählte Volk zu unterdrücken. Der Herr nahm Seine übernatürliche Gunst, die Er den Israeliten durch Joseph gewährt hatte, vorübergehend weg, was sie dazu trieb, Ihn um Befreiung anzuflehen. Als dann die Verfolgung ausbrach, erinnerten sie sich an alle die „herrlichen" Verheißungen über eine Rückkehr in ihr eigenes Land, die Jakob und Joseph ihnen gegeben hatten. Genau zu jenem Zeitpunkt sprach Gott zu Mose: „Gesehen habe ich das Elend meines Volkes in Ägypten, und sein Geschrei wegen seiner Antreiber habe ich gehört; ja, ich kenne seine Schmerzen" (2. Mos. 3,7). Und weiterhin versicherte Er ihnen, daß Er herabgekommen sei, „um es aus der Gewalt der Ägypter zu erretten" und es „in ein gutes und geräumiges Land" zu bringen (Vers 8). Der Herr will uns nicht nur aus etwas herausführen, sondern auch in das „Land der Verheißung" hineinbringen. Dort möchte Er Seine Ziele für unser Leben zur Ausführung bringen. Die Nation Israel ist ein Volk mit einem Ziel, und das gilt auch für die Gemeinde Jesu Christi. Er hat uns nicht nur um der Erlösung willen erlöst, sondern wir sind ein Volk, für das Gott einen Plan hat.

Sobald Gott die Kinder Israel aus Ägypten herausgeführt hatte, begann Er, sie zu verändern und ihr Denken zu erneuern. Sie sollten einen völlig neuen Lebensstil erlernen. Als heilige Nation mußten sie die ägyptische Lebensweise ablegen, um die Wege des Gottes Israels zu erkennen und in ihnen zu wandeln. Er sonderte sie ab, um sie zu Seinem Volk zu machen. Sie sollten auf der ganzen Erde Seine besondere Kostbarkeit sein. Drei Monate, nachdem Er sie aus Ägypten geführt hatte, gab Er Mose eine Botschaft für sie. Mose sollte ihnen sagen: „Ihr habt gesehen, was ich den Ägyptern angetan und wie ich euch auf Adlerflügeln getragen und euch zu mir gebracht habe. Und nun, wenn ihr willig auf meine Stimme hören und meinen Bund halten werdet, dann sollt ihr aus allen Völkern mein Eigentum sein; denn mir gehört die ganze Erde. Und ihr sollt mir ein Königreich von Priestern und eine heilige Nation sein" (2. Mo. 19,4-6). Auch der Gemeinde wurde diese Botschaft verkündigt, denn der Apostel Petrus schreibt: „Ihr aber seid ein auserwähltes Geschlecht, ein königliches Priestertum, eine heilige Nation, ein Volk zum Besitztum, damit ihr die Tugenden dessen verkündigt, der euch aus der Finsternis zu seinem wunderbaren Licht berufen hat; die ihr einst nicht ein Volk wart, jetzt aber ein Volk Gottes seid; die ihr nicht Barmherzigkeit empfangen hattet, jetzt aber Barmherzigkeit empfangen habt" (1. Ptr. 2,9.10). Auch wir sind mit einem Preis erkauft, auch wir sind ein auserwähltes Volk. Die Gemeinde Jesu ist eine Nation aus vielen Nationen. Gott möchte durch Sein Volk, das wie Salz über die ganze Erde verstreut ist, Seine Weisheit, Seine Gerechtigkeit und Seine Liebe zu allen Völkern zum Ausdruck bringen.

Um dieses Ziel zu erreichen, fing Gott an, Seinem Volk Israel die Bedeutung Seiner Gerechtigkeit zu offenbaren. Er gab ihnen zehn Gebote, die Seine Weisheit und Gerechtigkeit widerspiegeln. Sie sollten nun nach diesen Satzungen des Königreiches Gottes leben, damit die angrenzenden Nationen erkennen konnten, wie gut es ist, dem Herrn zu dienen. Auch wir zeigen der Welt durch unseren Lebensstil, wie gut Gott ist.

Unter dem mosaischen Bund gab Gott ihnen das Gesetz auf Steintafeln. Für den Neuen Bund wird jedoch verheißen, daß das Gesetz Gottes auf unsere Herzen geschrieben wird. „Siehe, Tage kommen, spricht der Herr, da schließe ich mit dem Haus Juda einen neuen Bund: nicht wie der Bund, den ich mit ihren Vätern geschlossen habe an dem Tag, als ich sie bei der Hand faßte, um sie aus dem Land Ägypten herauszuführen... Sondern das ist der Bund, den ich mit dem Haus Israel nach jenen Tagen schließen werde, spricht der Herr: Ich werde mein Gesetz in ihr Inneres legen und werde es auf ihr Herz schreiben" (Jer. 31,31-33; Hebr. 8,8-10). Der Herr Jesus möchte nicht, daß wir nach einer Liste von Regeln leben. Er möchte, daß die „Rechtsforderung des Gesetzes" in uns, die wir „nicht nach dem Fleisch, sondern nach dem Geist wandeln", erfüllt wird (Röm. 8,4). In Gottes Augen sind wir durch das Blut Jesu gerechtfertigt oder für gerecht erklärt, doch spricht die Bibel auch von der Frucht der Gerechtigkeit (Phil. 1,11). Das bedeutet, daß Gott einfach das, was Er uns bereits im Glauben zugesprochen hat, durch einen täglich fortschreitenden Prozeß in unsere Herzen hineinwirkt.

Als nächstes belehrte Gott Sein Volk in der Wüste darüber, wie man sich Ihm nahen sollte. Er gab Mose genaue Anweisungen über den Bau eines Anbetungs-Zeltes. Er verlangte danach – und das hat sich bis heute nicht geändert –, ein Volk zu haben, das in Seine Gegenwart kommt und Ihn anbetet. Petrus sagt uns, daß wir „ein geistliches Haus, ein heiliges

Priestertum“ aufbauen sollen, „um geistliche Schlachtopfer darzubringen“ (1. Ptr. 2,5). Der Herr Jesus Christus hat uns erlöst, um uns zu einem „Königreich von Priestern“ zu machen. Der Vater möchte, daß wir Ihm nahen und Ihn anbeten. Dazu hat Er uns geschaffen, und dafür hat der Sohn Gottes Sein Blut vergossen, damit wir wieder in die Gegenwart des lebendigen Gottes kommen können. Im Hebräerbrief heißt es: „Da wir nun, Brüder, durch das Blut Jesu Freimütigkeit haben zum Eintritt in das Heiligtum, ... so laßt uns hinzutreten...“ (Hebr. 10,19). Weil Jesus Sein Leben hingab, damit wir mit „Freimütigkeit“ und „voller Gewißheit“ hinzutreten können, so wollen wir auch wirklich zum Vater kommen und Ihn anbeten.

Schließlich gab Gott Israel ein Erbteil, ein „gutes Land“, das es von den Nationen, die sich dort angesiedelt hatten, wieder in Besitz nehmen sollte. Er rief es zum Kampf gegen diese Völker auf, um das Königreich Gottes sichtbar auf der Erde aufzurichten. Das war der Grund, warum sich Gott diese Schar von Sklaven nahm und anfing, sie als Armee zu trainieren. Das Neue Testament betont nun eindeutig, daß wir nicht „gegen Fleisch und Blut“ kämpfen. Vielmehr werden wir zum Kampf „gegen die Gewalten, gegen die Mächte, gegen die Weltbeherrscher dieser Finsternis, gegen die Geister der Bosheit in der Himmelswelt“ aufgefordert (Eph. 6,12). Jesus hat uns in Seinem Namen Autorität gegeben und möchte, daß wir von ihr Gebrauch machen, um in unserer Nation Raum für die Herrlichkeit Gottes zu schaffen.

Jesus hat uns, Seine Gemeinde, erlöst, um eine Armee aus uns zu machen. Wie kämpfen wir nun gegen die Mächte der Finsternis? Es geschieht durch Gebet, durch Lobpreis und durch ein beständig triumphierendes Leben. Alles das wirkt Gott in uns durch den Glauben an Sein Wort und durch die Kraft des Auferstehungslebens, das durch den Heiligen Geist in uns ist.

Deshalb laßt uns eine völlige Hingabe an Gott vollziehen und mit Seinen Zielen im Herzen leben. Er hat einen solch hohen Preis für unsere Erlösung bezahlt! Laßt uns Ihm das geben, wofür Er bezahlt hat.

Kapitel 9: Das Mahl des Herrn

Was bedeutet eigentlich diese Feier, die wir als Abendmahl oder als Mahl des Herrn kennen? Die meisten von uns freuen sich, wenn sie daran teilnehmen; ich glaube jedoch, wir könnten noch mehr davon empfangen, wenn wir genauer verstünden, wozu Gott sie eingesetzt hat. Ich persönlich widme gerne den ganzen Gottesdienst der Abendmahlsfeier. Es ist wichtig, gute Lehre über das Thema zu hören, damit die „Augen" unseres „Herzens" durch das Wort Gottes „erleuchtet" werden (Eph. 1,18). Die Belehrung durch das Wort erweckt Glauben in uns, so daß die Kraft Gottes freigesetzt wird, um unter uns zu wirken.

Der Apostel Paulus empfing die Offenbarung über das Abendmahl direkt vom auferstandenen Herrn. So braucht darüber weder Verwirrung zu entstehen, noch muß irgend etwas zu dem hinzugefügt werden, was Paulus im Neuen Testament gesagt hat. „Denn ich habe von dem Herrn empfangen, was ich auch euch überliefert habe, daß der Herr Jesus in der Nacht, in der er überliefert wurde, Brot nahm, und als er gedankt hatte, es brach und sprach: Dies ist mein Leib, der für euch ist; dies tut zu meinem Gedächtnis. Ebenso auch den Kelch nach dem Mahl und sprach: Dieser Kelch ist der neue Bund in meinem Blut, dies tut, sooft ihr trinkt, zu meinem Gedächtnis. Denn sooft ihr dieses Brot eßt und den Kelch trinkt, verkündigt ihr den Tod des Herrn, bis er kommt" (1. Kor. 11,23-26).

Der Apostel vertrat keine Wandlungslehre, die von einer tatsächlichen Verwandlung von Brot und Wein in den Leib und das Blut Jesu spricht. Jesus redete zu seinen Jüngern „in der Nacht, in der er überliefert würde"; d.h. Er war mit Leib und Blut physisch anwesend. Jesus lehrte außerdem, daß Er durch den Heiligen Geist und nicht durch die Sakramente in uns gegenwärtig sein würde.

Unter den Jüngern gab es keinerlei Unsicherheit, wie Brot und Kelch zu verstehen waren. Als Juden war ihnen die Bedeutung des vorangegangenen Bundesmahles, des Passah, wohlbekannt. Gott hatte bei der Befreiung Israels aus der Knechtschaft und bei seiner Erlösung vom Tod der Erstgeburt eine Satzung gegeben, die sie daran erinnern sollte, daß Gottes Zorn an ihnen vorübergegangen war. „Und dieser Tag soll euch eine Erinnerung sein, und ihr sollt ihn feiern als Fest für den Herrn. Als ewige Satzung für all eure Generationen sollt ihr ihn feiern" (2. Mo. 12,14). Das Fest sollte der Bundestreue Gottes gegenüber Seinem Volk gelten. Gleich im Anschluß an diese Feier machte Jesus Seine Jünger mit dem Fest des Neuen Bundes – dem Mahl des Herrn – bekannt.

Das Abendmahl ist ein Erinnerungsfest. Wenn wir zusammenkommen, geschieht es mit dem Ziel, den „neuen Bund in Seinem Blut" zu feiern. Das bedeutet, den Tod des Herrn – Seinen zerbrochenen Leib und Sein vergossenes Blut – auszurufen. Die Macht ist nicht im Brot oder im Wein, sondern im vollbrachten Werk Jesu am Kreuz. Die Satzung über das Brot und den Kelch ist uns für eine heilige Feier gegeben worden. „Denn sooft ihr dieses Brot eßt und den Kelch trinkt, verkündigt ihr den Tod des Herrn, bis er kommt." Durch das Abendmahl verkündigen wir alles, was Jesus durch Sein Leiden und Seinen Triumph vollbracht hat. Im „Lexikon des neutestamentlichen Griechisch" von Joseph Thayer erfahren wir, daß das Wort für „verkündigen" auch den Gedanken der Feier mit einschließt. Als Jesus uns auftrug, das Brot und den Kelch in Erinnerung an Ihn zu uns zu nehmen, wollte Er nicht, daß wir uns damit trauervoll an Seinen Tod erinnern. Sein tragischer Tod ist die Quelle ewigen Sieges geworden, und wir werden dazu aufgerufen, Seinen Sieg zu feiern und öffentlich zu verkündigen.

Aus diesem Grund sollte das Abendmahl eine Zeit jubelnden Feierns sein. Was sollen wir feiern? Unsere herrliche Erlösung! Er hat uns aus der Hand des Feindes befreit. Ja, Er hat uns aus dem Reich der Finsternis in das Reich Seines lieben Sohnes versetzt. Jesus hat den Tod und das Grab ein für allemal besiegt, und dem Tod ist der Stachel genommen. Das sollen wir feiern. Als Er unsere Sünden vergab, indem Er sie ans Kreuz trug, nahm Er dem Feind alle Waffen der Anklage gegen uns weg. Wenn wir das Mahl des Neuen Bundes mit Brot und Wein begehen, verkündigen wir öffentlich die völlige Niederlage und Schmach des Verklägers! Das ist wirklich ein Grund zum Feiern! Dies ist „der neue Bund in meinem Blut". Der Vater hat durch das Blut Jesu Christi einen Bund mit uns geschlossen. Man erzählt sich die Geschichte eines jungen Mädchens in Schottland, das zu einer Zeit lebte, in der es als strafbare Handlung angesehen wurde, an die freie Gnade Gottes zu glauben. Die britischen Soldaten waren angewiesen worden, jede Person festzunehmen und zu töten, die Gott anders anbetete, als der König und das Parlament es vorgeschrieben hatten. Jenes Mädchen war nun unterwegs zu einem Abendmahlsgottesdienst, der in den Felsklippen über einem Moor abgehalten werden sollte. Dort hatten sich Hunderte von Gläubigen versammelt. Plötzlich sah sie sich von den „Rotjacken" umstellt, die darauf aufmerksam gemacht worden waren, daß die sog. „covenanters" („die Bündnis-Leute") ein geheimes Treffen hatten. „Wo gehst du hin?" fragten sie. Jetzt war sie in der Klemme. Sie konnte nicht lügen; doch wenn sie die Wahrheit sagte, bedeutete das den Tod für Hunderte anderer. Sie nutzte die biblische Unwissenheit der Soldaten aus und sagte: „Meine Herren, mein älterer Bruder ist gestorben, und ich gehe zur Eröffnung des Testaments, um mein Erbe in Anspruch zu nehmen." Die Soldaten klopften ihr freundlich auf die Schulter und ließen sie laufen, ohne zu wissen, daß sie damit das Mahl des Neuen Bundes beschrieben hatte. Wenn wir am Mahl des Herrn teilnehmen, beanspruchen wir unser Erbteil, das Jesus durch Sein Blut erworben hat. Wir verkündigen, was Er getan hat und wer wir in Ihm sind. Durch Sein Blut sind wir mit Jesus Erben des Bundes. Wir schauen durch Brot und Wein hindurch auf die unsichtbare Realität, von der diese Dinge sprechen und die uns durch das Blut gehören. Wenn der Mensch des Neuen Bundes krank ist, kommt er zum Tisch des Herrn, und indem er Brot und Wein an seine Lippen führt, empfängt er durch Glauben seine Heilung in den Wunden Jesu.

Wenn der Mensch des Neuen Bundes von den zermürbenden Anklagen des Feindes gequält wird, während er am Abendmahl teilnimmt, dankt er Gott, daß er durch das Blut gerechtfertigt – gerechtgesprochen – ist. Dann überwindet er den Verkläger durch das Bezeugen seines Glaubens an das Blut des Lammes vor der unsichtbaren Welt.

Wenn wir das Mahl des Herrn feiern, bekennen wir damit auch, daß wir zum Leib Christi gehören. Wir sind nicht nur mit dem Herrn verbunden, sondern auch mit jedem Glied Seines Leibes, der Gemeinde. „Der Kelch der Segnung, den wir segnen, ist er nicht die Gemeinschaft des Blutes des Christus? Das Brot, das wir brechen, ist es nicht die Gemeinschaft des Leibes des Christus?“ Die offensichtliche Antwort auf die Fragen, die Paulus stellt, ist „ja“; deshalb schlußfolgert er: „Denn ein Brot, ein Leib sind wir, die vielen, denn wir alle nehmen teil an dem einen Brot“ (1. Kor. 10,16.17). Das Abendmahl ist ein Zeugnis gegenüber der sichtbaren und der unsichtbaren Welt, daß wir zueinander gehören. Manchmal bitte ich die Anwesenden, beim Mahl des Herrn zwei Stückchen Brot zu nehmen. Das erste brechen wir vor dem Herrn und empfangen dabei im Glauben unser Erbteil von Ihm; das zweite brechen wir miteinander und erneuern unsere Hingabe aneinander in Liebe.

Unsere tiefste, bedeutungsvollste Beziehung zum Herrn findet im Brechen des Brotes ihren Ausdruck. Nach Seiner Auferstehung erkannten die Jünger den Herrn Jesus, nachdem „er es (das Brot) gebrochen hatte.“ Die Christen des ersten Jahrhunderts trafen sich täglich in ihren Häusern, um das Brot miteinander zu brechen. Der Heilige Geist bezeichnet uns in der Bibel niemals als „Braut Christi" oder als „Braut des Herrn", sondern immer als „Braut des Lammes". Unsere Vorbereitungen gelten der „Hochzeit des Lammes". Wir sind die Braut des Lammes, weil wir durch das Essen Seines Fleisches und das Trinken Seines Blutes in Ewigkeit mit Ihm verbunden sind. „... denn mein Fleisch ist wahre Speise, und mein Blut ist wahrer Trank. Wer mein Fleisch ißt und mein Blut trinkt, bleibt in mir und ich in ihm. Wie der lebendige Vater mich gesandt hat, und ich lebe um des Vaters willen, so auch, wer mich ißt, der wird auch leben um meinetwillen" (Joh. 6,55-57). Nun bedeutet das Mahl des Herrn nicht, daß wir Jesus essen. Jesus will vielmehr damit sagen, daß wir unsere ganze Lebenskraft ständig – in jedem Augenblick, nicht nur einmal in der Woche – von Ihm empfangen müssen. Durch das Brechen des Brotes proklamieren wir, daß wir mit „Christus lebendig gemacht" sind, und daß Gott uns in Christus Jesus „mitauferweckt" hat. In Ihm hat er uns auch „mitsitzen lassen in der Himmelwelt" (Eph. 2, 5.6).

Schließlich erinnern wir uns bei der Abendmahlsfeier an die größte Liebe, die es unter Menschen und Engeln jemals gegeben hat. „Größere Liebe hat niemand als die, daß er sein Leben hingibt für seine Freunde" (Joh. 15,13). Wenn wir die nicht zu übertreffende Liebe Gottes sehen, indem Er Mensch wurde und den ganzen schmutzigen Abschaum dieser Welt als Lamm auf sich nahm, dann wird jeder menschliche Stolz und jede Selbstgerechtigkeit bloßgestellt. „Denn kaum wird jemand für einen Gerechten sterben; denn für den Gütigen möchte vielleicht jemand auch zu sterben wagen. Gott erweist seine Liebe gegen uns darin, daß Christus, als wir noch Sünder waren, für uns gestorben ist" (Röm. 5,7.8). Deshalb sollte es ein triumphierendes Fest sein, wenn wir zusammenkommen. Im Brotbrechen feiern wir den neuen Bund in Seinem Blut. Wir erinnnern uns daran, daß wir mit dem Auferstehungsleben Jesu verbunden sind.

Als letztes – und das ist ebenso wichtig – ist es auch ein Fest unermeßlicher Liebe. Wir feiern Seine Liebe zu uns, unsere Liebe zu Ihm und unsere Liebe füreinander.

So laßt uns unsere Herzen vor dem Herrn vorbereiten, damit wir das Brot nicht unwürdig essen und den Kelch nicht unwürdig trinken (1. Kor. 11,27). Wir geraten immer wieder in Spannungen und Mißverständnisse mit unseren Schwestern und Brüdern. Laßt uns diese Dinge ablegen und in Ordnung bringen, bevor wir zum Tisch des Herrn kommen. Aber dann wollen wir feiern! Wir wollen unseren Blick und unsere Hände erheben und Gott für Seine große Erlösung und Seine reine Liebe danken.

„Denn sooft ihr dieses Brot eßt und den Kelch trinkt, verkündigt ihr den Tod des Herrn, bis er kommt“ (1. Kor. 11,26).

Weitere Veröffentlichungen aus dem
VERLAG C. M. FLISS, Lütt Kollau 17, D-2000 Hamburg 61:

Glaube ist Gnade von Dr. Charles S. Price
Dieses Buch ist ein Klassiker der christlichen Glaubensliteratur. Der Autor gibt dem Leser eine völlig neue Vision des Glaubens!

Von Gott erwählt von Dr. Charles S. Price
Lesen Sie diese Autobiographie von Dr. Price. Sein Leben ist ein eindrucksvolles Zeichen des Wirkens Gottes im Leben eines Menschen, der sich Gott total zur Verfügung stellt!

Völlige Erlösung für Geist, Seele und Leib von Dr. Charles S. Price
Diese Veröffentlichung stellt eine Weiterführung und Vertiefung der Bücher GLAUBE IST GNADE und VON GOTT ERWÄHLT dar.

Von der Zinne des Tempels von Prof. Dr. Charles Farah
Ein Buch über die Souveränität Gottes, geschrieben für eine Generation von Gläubigen, die meint, daß Gesundheit, Wohlstand und Glück der Maßstab für echten Glauben ist.

Die Verheißung gilt Dir von Canon Michael Harper
Eine praktische Einführung in das Erleben der Kraft des Heiligen Geistes!

Wandelt im Geist von Canon Michael Harper
»Voll Heiligen Geistes« zu sein, ist erst der Anfang einer neuen Lebensdimension. Danach müssen wir es täglich lernen, »im Geist zu wandeln«.

Lobpreisstraße von Dr. Don Gossett
Für Sie ist in der Lobpreisstraße eine Wohnung reserviert. Ziehen Sie ein! Sie werden feststellen, daß der Lobpreis Gottes Ihr ganzes Leben verändern wird!

Berührt von Jesu Liebe von Dr. Don Gossett
Sie werden erfahren, wie man in einer Welt voller Einsamkeit und Verzweiflung Jesu Liebe ausstrahlen kann.

Engel in Aktion von Hope MacDonald
ist ein fesselnd geschriebenes Buch, das Sie daran erinnern will, daß Ihr Leben in Gottes Hand liegt.

Ein Mann nach dem Herzen Gottes: Smith Wigglesworth
von Albert Hibbert
Ein Buch, das uns helfen will, das Geheimnis des Dienstes, der Vollmacht und der Kraft von Smith Wigglesworth zu erkennen.

Unter schallendem Lachen von Dean Jones — Autobiographie
Die Geschichte einer Verwandlung. Aus einer vollkommen hoffnungslosen Person wurde ein neuer Mensch, reich in Gott.

Bestellen Sie bitte bei
C. M. Fliß, Versandbuchhandlung, Postf. 61 04 70, D-2000 Hamburg 61

Weitere Veröffentlichungen aus dem
VERLAG C. M. FLISS, Lütt Kollau 17, D-2000 Hamburg 61:

Mit Lobpreis leben von Dr. Judson Cornwall
ist das ganz andere Lobpreisbuch. Judson Cornwall will Sie aktiv mit hineinnehmen in den Lobpreis Gottes. Sie sollen ein Mensch des Lobpreises werden.

Anbetung — Lebensstil der Heiligen von Dr. Judson Cornwall
Das Hauptthema der Bibel wird dargelegt. Dynamisches Leben durchpulst dieses Buch.

Vergebung — Gottes Liebe triumphiert von Dr. Judson Cornwall
Ein Buch über Schuld und Sühne. Gottes Geschöpf, der Mensch, soll in die ursprüngliche Stellung zurückversetzt werden.

Errettet aus der tiefsten Hölle von Raul Ries
Die Geschichte eines Saulus des 20. Jahrhunderts. Wer ihn kannte, der fürchtete ihn. Ein Wunder machte ihn zu einem Paulus.

Der Schleier zerriß von Gulshan Esther
Die mitreißende Bekehrungsgeschichte einer direkten Nachfahrin Mohammeds. Ein beliebter Bestseller!

Herr, warum trifft's mich von Elizabeth Gardner
Der Ehemann und ihre zwei kleinen Kinder sterben an einer seltenen Krankheit. Jesus gab ihr Seinen Frieden und Triumph im Leid.

Mark Buntain — Engel der Barmherzigkeit von Ron Hembree
Ein bewegender Bericht über die Mission der Barmherzigkeit in den Straßen Kalkuttas, eine unvergeßliche Geschichte über Glauben und biblische Kühnheit.

Leben aus dem Wort von Frances Hunter
Das ganz andere Andachtsbuch, das für viele Jahre Ihr ständiger Begleiter werden möchte.

Sei kühn im Glauben von Dr. Don Gossett
Sie können kühn im Glauben sein, wenn Gott Ihnen für Ihre Situation ein spezielles Bibelwort gegeben hat. Gehen Sie vorwärts!

Zwei Welten von Dr. Charles S. Price
Der göttliche Strom des licht- und lebenspendenden Wortes fließt auch heute noch. Die Völker sind mit Finsternis umgeben, Kinder Gottes richten ihren Blick nach oben.

Und am Abend wird es licht von Dr. Charles S. Price
Für Leser bestimmt, die sich vom Heiligen Geist in das Reich zunehmender Offenbarung führen lassen wollen.

Laß die Posaune erschallen von David Wilkerson
Hier finden Sie alles, was Sie über Ehe und Scheidung, Rockmusik und christliche Lebenshaltung, Fernsehen, Wohlstandsevangelium und vieles mehr unbedingt wissen sollten.

Bestellen Sie bitte bei
C. M. Fliß, Versandbuchhandlung, Postf. 61 04 70, D-2000 Hamburg 61
Wir informieren Sie auch gerne über unser Gesamtprogramm! Postkarte genügt.